美치게 공부하는 스페인어

임효상·임보영 공저

ESPAÑOL

신아사

머리말

스페인어를 배우는 인구가 매우 많아졌다. 2020년은 한국과 스페인이 수교를 맺은 지 70년이 된 의미 있는 한 해였다. 그러나 코로나 사태로 전 세계가 힘든 한 해를 보낸 한 해이기도 했다. 스페인과 중남미의 5억 인구가 사용하는 스페인어의 중요성과 필요성은 이제는 더 이상 얘기하지 않아도 된다고 본다. 중남미의 마야, 아즈테카, 잉카 문명을 비롯해서 이베리아의 화려했던 문화를 우리는 역사를 통해서 배웠고 최근에는 스페인의 산티아고 순례자 길이 아시아인 중에서는 한국인이 가장 많이 간다고 알려져 있으며 TV나 언론매체에서도 스페인과 중남미를 각광받는 행선지로서 많이 다루고 있다.

스페인어를 배운다는 것은 단순히 언어만을 배우는 것만은 아니다. 스페인어를 사용하는 국가들의 문화와 그들의 삶의 방식을 우리는 언어를 배우면서 알게 되고 느끼게 된다. 우리의 식단에 지중해식 웰빙 음식이 올라오는 것도 참 놀라운 일이다. 우리의 청소년들이 스페인의 축구 리그를 보면서, 플라멩코 춤을 보면서, 가우디의 환상적인 성가족 성당 건축물을 보면서 스페인이라는 나라를 다시 보게 된다는 점도 글로벌 시대에서는 매우 중요한 요소라고 할 수 있다. 지리적으로 떨어져있지만 다양한 모습을 보여주고 있는 중남미도 우리에게는 많은 관심과 흥미를 갖게 하는 대륙이기도 하다. 스페인어권 국가들은 다양성이 있음에도 불구하고 같은 언어를 사용한다는 동질성과 대부부의 국가들이 카톨릭 국가라는 공통점도 가지고 있다. 문화는 매우 광범위한 내용을 포함한다. 스페인의 철학가 오르테가 이 가세트는 '나는 나와 나의 환경의 결합체'라고 말한 바 있다. 지리적으로 스페인은 이베리아 반도에 위치한 국가로서 많은 사람들이 기질면에서 우리와 비슷한 면모를 보인다. 반도라는 아주 지리적인 특성이기도 하지만 그들의 문화와 우리 문화가 매우 유사하다는 것을 느끼기도 한다. 농담소로 한국사람은 아시아의 라틴계라는 말을 하기도 한다.

우리는 글로벌 시대에 살고 있다. 지구촌 마을이라는 표현도 매우 일상화되어 있지만 아직도 중남미 국가들에 대한 이해를 제대로 하고 있는지는 미지수이다. 매스컴에서도 뭔가 부정적인 것이 나왔을 때 '라틴 아메리카처럼 될 수 있다'라는 표현을 많이 본다. 이러한 영향인지는 몰라도 부정적인 인상이 아직도 일반인들에게는 팽배하다고 볼 수 있다. 그럼에도 불구하고 중남미는 행복지수에 있어서는 다른 면을 보여주고 있다. 중남미 국가들의 부분이 소득은 우리보다 뒤처져 있음에도 불구하고 행복지수가 앞서 있다는 것은 나름대로 우리가 객관적으로 한 번 생각해볼 기회를 갖게 한다. 스페인어를 배우면서, 다른 문화를 배우고 익히면서 우리의 젊은 세대들이 다양한 문화에 대한 포용성과 이해력을 가질 수 있다면 이 교재가 스페인어권 국가들의 문화를 배우는 학습자들에게 어느 정도 도움이 되리라고 본다. 교재를 바탕으로 라틴음악에도 한 번 빠져 보기 바란다. 탱고음악을 들으면서 독자들 각자가 주인공이 되어보았으면 한다. 공부만 하고 놀지 않으면 사람이 단순해진다고 한다. 축제의 나라라고 하는 스페인, 파티에는 항상 춤이 있는 매우 즐겁게 살아가는 스페인어권 국가들의 문화를 한 번 우리도 누려본다면 색다른 세계가 열릴지도 모른다. 언어는 문화를 배우기 위한 가장 중요한 요소이다. 새로운 언어를 배운다는 것은 물론 힘이 들지만 차분히 그리고 인내심을 갖고 노력하다 보면 소기의 성과를 얻을 수 있다고 확신한다. 스페인 속담에 '서두르지 말되 멈추지 말라'는 표현이 있다. 로망스어의 하나인 스페인어를 배워가면서 어려운 점도 있겠지만 돈키호테처럼 도전해보면 좋은 결실을 맺으리라 생각한다. 많은 이들이 미래에 VIP가 되고 싶어한다. 돈과 명예도 중요하지만 다가오는 AI 시대의 미래를 준비하면서 미래에 대한 비전(visión), 희망과 꿈(ilusión), 열정(pasión)이 그 어느때보다 중요하다고 생각한다. 스페인어를 통해서 새로운 세계에 도전해보기 바란다.

마지막으로 어려운 시기에도 흔쾌히 이 교재의 출판을 허락해주신 신아사 정현걸 사장님과 오래전부터 이 책의 출판을 독려해주신 한규갑 상무님, 스페인어 대화문을 검토해주신 한국외대 Jaime Aguiló Pastrana 교수님, 경희대 Mercè Mundet Tarragó 교수님, 그리고 녹음에 참여해준 과테말라의 Josué Rodolfo Obregón 박사, 스페인의 Helen García Rodríguez 양에게 감사의 뜻을 전한다.

2021년 2월
임효상 · 임보영

목 차

Lección 1

Alfabeto y pronunciación

알파벳

A	a	a	Ñ	ñ	eñe
B	b	be	O	o	o
C	c	ce	P	p	pe
D	d	de	Q	q	cu
E	e	e	R	r	ere(erre)
F	f	efe	S	s	ese
G	g	ge	T	t	te
H	h	hache	U	u	u
I	i	i	V	v	uve
J	j	jota	W	w	uve doble
K	k	ka	X	x	equis
L	l	ele	Y	y	i griega
M	m	eme	Z	z	zeta
N	n	ene			

모음

스페인어의 모음은 a, e, i, o, u 다섯 개이다.

A a	amor	andar	amigo
E e	elefante	eres	elegante
I i	amigo	idea	interesante
O o	sol	español	obra
U u	usted	uva	urgente

이중모음

이중모음은 하나의 음절(sílaba)에 두 모음이 결합되어 있는 것을 말한다. 모음은 열린 모음 (a, e, o)와 닫힌 모음 (i, u)로 구분되며 악센트는 열린모음에 있다.

aire cielo puerta

굳이 발음기호를 표기하면 다음과 같다.

[áire], [θiélo], [puérta]

자음

B [b] [ㅂ]처럼 발음한다.

beber bien libro

C 모음 a, o, u 앞이나 자음 앞에서[ㄲ]처럼 발음하고 e, i 앞에서는 [ㅆ]처럼 발음한다.

cantar comer Cuba
cine cena cero

¡OJO! 복합철자 ch는 고유의 음가를 지니고 있으며 [ㅊ]처럼 발음한다.

chico churro chino

D [ㄷ]처럼 발음한다.

dinero domingo don

F 영어의 [f]처럼 발음한다.

familia febrero foto

G 자음 C와 마찬가지로 모음의 성격에 따라서 발음이 다르다. a. o, u 앞에서 [ㄱ]처럼 발음하고 e, i 앞에서 [ㅎ]처럼 발음한다.

gato golondrina gusto
gente gitano gigante

G 다음에 복모음이 올 경우에는 [ㄱ]처럼 발음한다.

guerra guitarra

H 스페인어의 유일한 무성음이다.

hoy hola humor

J [ㅎ]처럼 발음한다. 목 안쪽에서부터 강하게 발음한다.

jamón joven ojo

K [ㄲ]처럼 발음한다. 주로 외래어 표기에 사용한다.

kaki kilo kiwi

L [ㄹ]처럼 발음한다.

libro luna Lóndres

복합철자 ll는 고유의 음가를 가지고 있다. 스페인과 중남미 국가간의 발음차이가 나타나는 자음이다. 스페인 대부분의 지역에서는 [까이예]라고 발음하지만 중남미 지역에서는 [까이제]로 발음하기도 한다.

llave calle lluvia

M [ㅁ]처럼 발음한다.

madre Madrid moda

N [ㄴ]처럼 발음한다.

nacho Neruda noche

c, g, j, q 앞에 올 때는 [ŋ] 발음이 나온다.

blanco [블랑꼬] sangre [상그레]

Ñ ña[냐] ñe[녜] ñi[니] ño[뇨] ñu[뉴]처럼 발음한다.

España niña año

P [ㅃ]처럼 발음한다.

paloma pobre Portugal

Q 보통 복모음과 결합된다. ue와 결합하면 [께]로 ui가 오면 [끼]로 발음한다.

quién queso aquí

R [ㄹ]처럼 발음한다. 단어의 맨 앞에 올 경우에는 복합진동음으로 발음한다.

cara cerveza corona
razón rico rosa

rr는 복합 진동음으로 발음한다.

perro carro torre

S [ㅅ]으로 발음한다.

salida siglo sol

T [ㄸ]처럼 발음한다.

tango tener Toledo

V [ㅂ]처럼 발음한다. 영어의 v와는 달리 b처럼 발음하면 된다.

Valencia victoria vida

W 외래어를 표기할 때 사용한다.

whisky

X 모음 사이에서 또는 음절의 마지막 위치에서 [ks] 혹은 [gs]로 발음한다.

exman México extranjero

Y [y] [i]으로 발음된다. ya[야] ye[예] yi[이] yo[요] yu[유]로 발음한다

ya ayer yo ayuda

Z 영어이 스페인에서는 [θ]처럼 발음하지만 중남미 지역에서는 보통 [s]로 발음한다.

zapato Zaragoza zumo

악센트

스페인어는 억양이 매우 중요하며 따라서 악센트를 제대로 발음해야 한다.

모음과 자음 n, s 로 끝나는 단어는 끝에서 두 번째 음절의 모음에 악센트가 있다.

Casa niño tango paloma órden

n, s 를 제외한 모든 자음으로 끝나는 단어는 맨 마지막 음절의 모음에 악센트가 있다.

Madrid profesor ciudad papel

불규칙적인 악센트를 가지는 단어들도 있다.

corazón árbol móvil nación papá

명사의 복수형

일반적으로 스페인어 명사의 복수형은 모음으로 끝날 경우 -s를 첨가하고 자음으로 끝나는 경우에는 -es를 첨가한다.

¡OJO! nación의 경우에 -es가 첨가되며 naciones가 되면서 악센트가 빠진다.

libro	libros
padre	padres
pared	paredes
ciudad	ciudades

Lección 2

Mucho gusto.

* 의사소통 : 인사 나누기
  소개하기
* 문법 요소 : 주격 인칭대명사
  ser와 estar 동사 용법

DIÁLOGO 1

Carlos: Hola, Carmen. Este es mi amigo Paco.

Carmen: Encantada.

Paco: Mucho gusto.

Carlos: Mira. Paco es un buen pintor.

Carmen: ¿De verdad?

Carlos: Así es.

Paco: Mi madre es pintora también.

Carmen: Es una familia de artistas.

DIÁLOGO 2

Miguel:	¿Qué tal estás?
Pilar:	Estoy bien. ¿Y tú?
Miguel:	Yo también. ¿Qué tal está Carmen?
Pilar:	Está bien.
Miguel:	¿Vives con tu familia?
Pilar:	No. Vivo en un colegio mayor.
Miguel:	¿Qué tal tu colegio? ¿Es mixto?
Pilar:	No. Es un colegio para chicas. Está bien.
Miguel:	¿Qué tal la habitación?
Pilar:	Muy bien. Estoy muy contenta.
Miguel:	¡Qué bien!

Vocabulario

Amigo 친구	Artista 예술가	Así 그렇게	Bueno 좋은
De -의, -부터	Encantado 반가워요	Estar -있다. -한 상태이다	Este 이것, 이 사람
Familia 가족	Gusto 맛, 즐거움	Madre 어머니	Mi 나의
Mira 이봐	Mucho 많은, 많이	Pintor 화가	Qué 무엇
Ser -이다	Tal 그런	También -도 역시	Verdad 사실, 진실

GRAMÁTICA

◆ 주격 인칭대명사

영어와 마찬가지로 스페인어 대명사도 주격, 소유격, 목적격이 있으며 단수와 복수에 따라 인칭변화가 있다.

	단수	복수
1인칭	Yo	Nosotros
2인칭	Tú	Vosotros
3인칭	Él-Ella-Uasted	Ellos-Ellas-Ustedes

◆ SER와 ESTAR 동사

스페인어의 가장 기본적인 동사라고 할 수 있다 영어의 be동사와 비슷한 의미를 가지고 있지만 약간의 용법 차이가 존재한다. 본질적인 것, 예를 들면 직업이나 국적을 가리키는 명사나 형용사와 함께 사용되는 불규칙 동사이다. 동일한 계사동사인 estar 동사는 일시적인 상태나 위치를 표현할 때 사용한다.

ser 동사를 활용한 시간표현은 8과에서, estar 동사를 활용한 현재진행형 표현은 9과에서 다루기로 한다.

SER 동사 불규칙 변화

	단수	복수
1인칭	Soy	Somos
2인칭	Eres	Sois
3인칭	Es	Son

ESTAR 동사 불규칙 변화

	단수	복수
1인칭	Estoy	Estamos
2인칭	Estás	Estáis
3인칭	Está	Están

Yo soy español. 난 스페인 사람이야.

Juan es estudiante. 후안은 학생이야.

Carmen y yo somos amigas. 카르멘과 나는 친구야.

Somos de Corea. 우린 한국 사람이야.

Pilar es muy guapa. 필라르는 매우 예뻐.

Estoy muy contento. 난 매우 만족해.

Juan está en casa. 후안은 집에 있어.

¡OJO! 스페인어의 일부 형용사는 ser 동사와 쓸 때, estar 동사와 쓸 때 의미적 차이를 갖는다.

Juan es listo. 후안은 준비되었다.

Juan está listo. 후안은 영리하다.

Carmen es guapa. 카르멘은 미인이다.

Carmen está guapa hoy. 카르멘 오늘 예쁘다.

앞에서 설명하였듯이 ser 동사는 본실적인(esencial)한 것을 나타내는데 listo와 결합이 될 경우에는 '마리가 뛰어난' 의미의 뜻인 반면에 estar와 쓰일 경우에는 '준비가 되어 있는'의 뜻을 갖는다.

guapa의 경우에도 ser와 결합할 때는 원래 카르멘이 아름답다는 것이지만 estar와 결합되는 경우에는 치장을 잘했거나 오늘 특별히 아름답다라는 의미를 갖는다.

☞ 스페인어 문법 중에서 가장 중요한 부분이 동사변화라고 할 수 있다. 인칭과 수에 따라서 어미가 변화한다. 본 교재는 초보자 학습자를 대상으로 하고 있기 때문에 직설법 현재, 현재완료, 부정과거(단순과거), 불완료과거 시제만을 다루기로 한다.

◆ 성·수의 일치

스페인어의 명사는 남성과 여성으로 나누어진다. 일반적으로 -o 로 끝나는 단어는 남성이고 -a 로 끝나면 여성이다 정관사와 결합할 때나 형용사를 동반할 때도 반드시 성·수 일치가 있어야 한다.

el libro	el gato	el niño
la paloma	la gata	la niña

¡OJO! 예외적인 단어들도 있다.

la mano el mapa el clima el día

EXPRESIONES

◆ ¿De verdad?

'정말?', '진짜?'를 의미하는 표현이다. 물음표 없이 평서문으로 사용하면 '정말이야', '진짜야'를 의미한다.

◆ ¿Qué tal ~?

상대의 안부를 물을 때도 사용하며, '(무엇은) 어때?'라는 의견을 묻는 표현으로도 사용한다.

◆ Mira.

Mirar는 '보다'는 뜻을 가진 동사이다. 본문의 'Mira'는 너(tú)에 대한 명령문이다. 명령문에 대한 자세한 설명은 20과에서 다루기로 한다.

EJERCICIO

다음 빈칸을 ser와 estar 중 올바른 형태로 채우시오.

1. Raúl (   ) muy simpático.
2. Pilar (   ) profesora de español.
3. Jaime (   ) enfermo.
4. Miguel y Pilar (   ) estudiantes.
5. Yo (   ) muy cansado.
6. ¿(   ) tú Carlos?
7. Nosotras (   ) alumnas.
8. ¿Dónde (   ) la estación del metro?
9. Carmen (   ) española.
10. Juan y yo (   ) amigos.

스페인어권의 인사문화

Dos besos

El mapa de España

Lección 3

Somos de España.

* 의사소통 : 국적 설명하기
* 문법 요소 : 동사 규칙 변화

  decir 동사 용법

  관사

  부정문

DIÁLOGO

(En la clase de español)

Rosa: Hola, chicos. Bienvenidos a la clase de español. Soy Rosa, la profesora de español. ¿De dónde sois?

Mira: Soy coreana. Me llamo Kim Mira.

Rosa: ¿Cuál es tu apellido?

Mira: Mi apellido es Kim.

Rosa: ¿Tienes solo un apellido?

Mira: Sí. El apellido de mi padre.

Rosa: Entonces tu nombre es Mira. Es un nombre muy bonito.

Emilia: Soy francesa. Me llamo Emilia. Estoy enamorada de la cultura española.

Rosa: Y tú, ¿de dónde eres? ¿Me entiendes, Albert?

Albert: Profesora, ¿cómo se dice "understand" en español?

Rosa: Se dice "entender".

Albert: Yo no entiendo. Yo hablo muy poco español.

Rosa: Vale. Tranquilo. No hay prisa.

Sato: Yo soy de Japón. Me llamo Sato.

Rosa: Tenemos dos estudiantes de Asia. Una pregunta. ¿Habláis la misma lengua?

Mira: No.

Sato: Yo hablo un poco de coreano.

Rosa:	Muy bien. ¿Por qué aprendéis español?
Mira:	Quiero estudiar la literatura española en la universidad en el futuro.
Emilia:	El español es muy interesante.
Sato:	Quiero ser guía turístico.
Albert:	Yo quiero aprender español.
Rosa:	Muy bien. Hoy vamos a estudiar la pronunciación.

Vocabulario

Apellido 성
Bonito 아름다운
Cultura 문화
En -에
Estar -있다. -한 상태이다
Futuro 미래
Lengua 언어
Mismo 같은
Por qué 왜
Querer 좋아하다, -하고 싶다
Turístico 여행의

Aprender 배우다
Clase 수업
Decir 말하다
Enamorado 사랑에 빠진
Estudiante 학생
Guía 가이드
Literatura 문학
Muy 매우
Pregunta 질문
Ser -이다

Asia 아시아
Coreano 한국인, 한국어
Dónde 어디에
Entender 이해하다
Estudiar 공부하다
Hablar 말하다
Llamarse -라고 불리다
No 아니오(부정부사)
Prisa 서두름
Tener -을 가지고 있다

Bienvenido 환영합니다
Cuál 어떤 것
Dos 둘
Español 스페인어, 스페인 사람
Francés 프랑스어(인)
Hola 안녕
Nombre 이름
Poco 조금
Profesor 교수
Tranquilo 침착한, 차분한

GRAMÁTICA

◆ 동사변화

스페인어 문법 중에서 가장 중요한 부분이 동사 변화라고 할 수 있다. 인칭과 수에 따라서 어미변화를 한다. 동사의 종류는 -ar, -er, -ir 형태 세 가지가 존재한다.

-AR 동사 규칙 변화: AMAR

	단수	복수
1인칭	Amo	Amamos
2인칭	Amas	Amáis
3인칭	Ama	Aman

Amar bailar cantar estudiar hablar

-ER 동사 규칙 변화: BEBER

	단수	복수
1인칭	Bebo	Bebemos
2인칭	Bebes	Bebéis
3인칭	Bebe	Beben

aprender beber comer comprender

-IR 동사 규칙 변화: VIVIR

	단수	복수
1인칭	Vivo	Vivimos
2인칭	Vives	Vivís
3인칭	Vive	Viven

abrir escribir

◆ DECIR 동사 불규칙 변화

	단수	복수
1인칭	Digo	Decimos
2인칭	Dices	Decís
3인칭	Dice	Dicen

◆ 관사

스페인어 학습자가 문법을 배울 때 가장 어려운 항목이다. 모국어인 한국어에 관사 체계가 없는 것이 주요 이유중의 하나이기도 하다. 일단 정관사와 부정관사로 나누어진다.

정관사는 남성 여성 단수 복수형 네가지가 존재한다.

	단수	복수
남성	el	los
여성	la	las

부정관사는 다음과 같다.

	단수	복수
남성	uno	unos
여성	una	unas

일반적으로 스페인어의 정관사는 앞에 언급이 되었던 명사를 언급할때 사용한다. 반면에 부정관사는 새로운 정보나 사물을 말할 때 사용된다. 정관사는 화자와 청자간의 공유된 사실이나 정보를 담고 있다. 통사적으로 스페인어의 보통명사의 경우 주어자리에 올 경우에는 대부분 관사랑 함께 쓰인다.

Tengo un libro. El libro es interesante. 나는 책 한권을 가지고 있다. 그 책은 재미있다.

El perro es un animal. 개는 동물이다.

◆ 부정문(negación)

스페인어의 부정문은 no라는 부정부사를 놓으면 된다. 영어의 경우 이중부정은 긍정이 되지만 스페인어의 경우에는 부정어가 두 개와도 부정문이다.

Carmen no es alta. 카르멘은 키가 크지 않다.

Juan no viene a mi fiesta. 후안은 내 파티에 오지 않는다.

No viene nadie. 아무도 오지 않는다.

No hay nada. 아무것도 없다.

Nadie viene a la reuión. 아무도 회의에 오지 않는다.

☞ 13과 114-115쪽 부정어 참조.

EXPRESIONES

◆ Bienvenidos a la clase de español.

'bienvenido'는 상대방의 성·수에 일치시켜야 한다. 스페인어 수업을 듣는 학생 여러 명을 환영하고 있기에 'bienvenidos'가 되었다.

◆ Me llamo Kim Mira.

'Me llamo ~' 는 본인의 이름을 소개할 때 사용하는 표현이다. llamarse 동사에 대해서는 4과에서 자세히 다루기로 한다.

◆ Estoy enamorada de la cultura española.

'estar + 과거분사' 표현은 상태를 나타내는 수동문이다. 이에 대해서는 14과에서 자세히 배우기로 한다. 'estar enamorado de ~' 구문은 '~를 사랑한다', '~에 푹 빠져있다'를 의미한다.

◆ ¿Cómo se dice "undertand" en español?

'¿Cómo se dice ~ ?' 구문은 '~는 뭐라고 말합니까?'라고 물어볼 때 사용한다. 'en español'은 '스페인어로'를 뜻한다. 따라서 이 문장의 의미는 '스페인어로 understand는 뭐라고 말합니까?'가 된다. 동사 'se dice'의 문법 내용은 14과에서 자세히 다루기로 한다.

◆ Quiero estudiar la literatura española en la universidad en el futuro.

이 문장에는 'querer + 동사원형' 구문이 쓰였는데 10과에서도 다루겠지만 이 구문은 '~ 하기를 원하다', 또는 '~하고 싶다'를 의미한다.

◆ Vamos a estudiar la pronunciación.

'ir a + 동사원형' 구문은 5과에서도 다루겠지만 두 개의 뜻을 가지고 있는데 하나는 '~ 할 예정이다'로써 가까운 미래를 나타내며, 다른 하나는 청유문으로 '~ 합시다'이다. 문맥에 따라 정확한 뜻을 파악할 수 있다.

EJERCICIO

다음 단어를 문맥에 맞게 고치시오.

1. Yo (vivir) con mi famila.
2. Miguel (estudiar) matemáticas.
3. Mis padres (comer) en casa.
4. Juan (escribir) una carta a su novia.
5. Carmen no (beber) alcohol.
6. Nosotros (aprender) el español.
7. Pedro es colombiano y (hablar) español.
8. Tú y yo (ser) amigos.
9. ¿Cómo (llamarse) tu hermano?
10. Raúl (cantar) muy bien.

Sudamérica

GRENADA
Port-of-Spain
TRINIDAD AND TOBAGO
Caracas
VENEZUELA
Georgetown
GUYANA
Paramaribo
SURINAME
French Guiana
Cayenne
Bogotá
COLOMBIA
Quito
ECUADOR
PERU
Lima
BRAZIL
Brasília
La Paz
BOLIVIA
PARAGUAY
Asunción
CHILE
Santiago
Buenos Aires
ARGENTINA
URUGUAY
Montevideo

Lección 4

¿Cómo te llamas?

* 의사소통 : 이름 물어보기
* 문법 요소 : 의문사
  hacer 동사 용법
  llamarse 동사 용법

DIÁLOGO 1

Pedro: Hola. Soy Pedro. ¿Cómo te llamas?

Juan: Me llamo Juan. Soy de Colombia.

Pedro: Mucho gusto. Yo soy español. Soy de Alicante pero vivo en Madrid.

Juan: ¿Qué haces aquí?

Pedro: Estudio en la Universidad Complutense.

Juan: ¿Qué estudias?

Pedro: Estudio Derecho. ¿Y tú qué haces aquí?

Juan: Trabajo en la empresa de mi amiga. Se llama Carla. Ya viene.

Carla: Hola. ¿Eres Pedro?

Pedro: Sí, soy yo. Mucho gusto.

Carla: Encantada.

DIÁLOGO 2

Carmen:	Hola, Pedro.
Pedro:	Hola, Carmen.
Carmen:	¿Cómo se llama este plato?
Pedro:	Se llama paella. Es una comida española. Es muy rica.
Carmen:	¿Tiene arroz?
Pedro:	No solo arroz, tiene de todo. Hay paella de marisco, de pollo, de conejo...
Carmen:	Y esto, ¿qué es? ¿Cómo se llama?
Pedro:	Se llama jamón. Es muy típico de España.
Carmen:	Ya veo.
Pedro:	En Madrid hay varios museos del jamón.
Carmen:	¿Museos?
Pedro:	Se llaman así pero son restaurantes.
Carmen:	Vale. Un día vamos juntos.
Pedro:	De acuerdo.

Vocabulario

Acuerdo 동의	Aquí 여기	Arroz 쌀	Comida 식사, 음식
De -의,-출신	Empresa 회사	Hacer -하다	Hay -이 있다
Ir 가다	Jamón 햄, 훈제, 돼지 뒷다리	Junto 함께	Marisco 해산물
Museo 박물관	Paella 파에야	Pero 그러나	Plato 접시 음식
Restaurante 식당	Rico 맛있는, 부유한	Tener -을 가지고 있다	Típico 전형적인
Todo 모든	Trabajar 일하다	Universidad 대학교	Valer -값어치가 있다. 오케이
Venir 오다	Vivir 살다	Ya 자금, 이제, 이미	

GRAMÁTICA

◆ 의문사

Cómo (How) ¿Cómo estás? 어떻게 지내니?

Qué (What) ¿Qué es esto? 이것은 무엇입니까?

Cuándo (When) ¿Cuándo viene Juan? 후안은 언제 옵니까?

Cuál (Which) ¿Cuál te gusta más? 어떤 것이 더 좋니?

Cuánto (How much) ¿Cuánto vale esta camiseta? 이 셔츠는 얼마입니까?

Quién (Who) ¿Quién es ella? 그녀는 누구입니까?

Dónde (Where) ¿Dónde vives tú? 넌 어디에 사니?

◆ HACER 동사 불규칙 변화

	단수	복수
1인칭	Hago	Hacemos
2인칭	Haces	Hacéis
3인칭	Hace	Hacen

영어의 'do' 와 비슷한 동사이며 '-하다'의 기본적인 의미에서부터 날씨표현 등 관용적 표현도 많다.

¿Qué haces tú aquí? 너 여기서 뭐 해?

Hago ejericio en el gimnasio. 체육관에서 운동해.

Hace mucho frío en invierrno. 겨울엔 날씨가 매우 춥다.

¿Cuándo hago la maleta? 언제 여행가방 준비하지?

◆ LLMARSE 동사 변화

	단수	복수
1인칭	Me llamo	Nos llamamos
2인칭	Te llamas	Os llamáis
3인칭	Se llama	Se llaman

llamar 동사의 뜻은 '~를 부르다'이다. 여기에 재귀대명사 se가 붙어 '~라고 불리다', '이름이 ~ 이다'라는 뜻이 된다. 이 용법의 se는 8과에서 자세히 다루기로 한다.

Me llamo Carlos. 내 이름은 카를로스이다.

¿Cómo se llama tu perro? 네 강아지 이름이 뭐니?

- Se llama Toto. 토토이다.

EXPRESIONES

◆ Hay paella de marisco.

hay 동사는 '~가 있다' 또는 부정문이 되면 '~가 없다'를 의미하는데 자세한 용법은 5과에서 다루기로 한다.

◆ Ya veo.

영어에서 see 동사를 사용하는 것처럼 '알겠다'는 표현이다.

◆ De acuerdo.

'estar de acuerdo'에서 나온 표현으로 구어체에서 간단히 동의를 표할 때 사용한다.

EJERCICIO

A. 다음 단어를 문맥에 맞게 고치시오.

1. Mi madre (hacer) la cama todos los días.
2. Tú (hacer) el deporte todos los días.
3. Juan (hacer) la comida para su novia.
4. Mis padres (hacer) mesas grandes.
5. (hacer) mucho calor hoy.
6. (hacer) muy fresco esta mañana.

B. 다음 빈칸에 적당한 의문사를 넣으시오.

1. ¿De (   ) son ellos?
2. ¿(   ) es tu cumpleaños?
3. ¿(   ) viven tus padres?
4. ¿(   ) vamos a hacer esta tarde?

스페인의 음식문화: Jamón

스페인의 음식하면 tapa, paella, aceite de oliva, queso 등 지역에 따라서 다양한 대상이 떠오르지만 가장 인상적인 것이 jamón이라고 할 수 있다. 그리고 bar 문화를 빼고는 스페인 음주문화를 말할 수 없다. ir de bares, ir de tapas와 같은 표현도 스페인 문화의 한 특징을 보여주는 표현들이기도 하다.

Lección 5

¿Dónde está la cafetería?

* 의사소통 : 장소 물어보기
* 문법 요소 : 소유형용사

  전치격 인칭대명사

  ir 동시 용법

  poder 동사 용법

  saber 동사 용법

  dar 동사 용법

  hay 동사 용법

  감탄문

DIÁLOGO 1

José: Hola, María. ¿Sabes dónde hay una cafetería cerca de aquí?

María: Hay una frente a la universidad.

José: Voy a tomar un café. ¿Vienes conmigo?

María: De acuerdo. ¿Vas a ir al concierto mañana?

José: No puedo. Es que tengo examen pasado mañana.

María: ¡Qué pena!

José: ¿Sabes dónde está la biblioteca central?

María: Tienes que ir al edificio central.

José: ¿Hay sitio para estudiar?

María: Claro que sí.

José: ¿Dónde está tu facultad?

María: ¿Ves el edificio de color amarillo? Es mi facultad.
Te doy este mapa de la universidad.

José: Gracias.

DIÁLOGO 2

José: Hola, Carmen.

Carmen: Hola, José.

José: ¿Sabes dónde está el Museo del Prado?

Carmen: Sí. ¿Cómo quieres ir?

José: ¿Está lejos de aquí?

Carmen: Pues no. Se tardan unos 15 minutos andando.
Si quieres, puedes tomar el metro o el autobús.

José: Vale, gracias.

Vocabulario

Amarillo 노란색의	Andar 걷다	Autobús 버스	Biblioteca 도서관
Café 커피	Cafetería 커피숍	Central 중앙의	Cerca 가까운
Claro 분명한, 물론이지	Color 색	Concierto 콘서트	Conmigo 나와 함께
Dar 주다	Dónde 어디에	Edificio 건물	Examen 시험
Facultad 학부, 단과대학	Frente 건너편, 정면	Lejos 먼	Mañana 내일
Metro 전철	Minuto 분	Pena 유감	Poder 할 수 있다
Pues 그러면	Saber 알다	Si -이면, -하면	Sitio 장소
Tardarse (시간이) ~ 걸리다	Tomar 타다, 마시다	Venir 오다	

GRAMÁTICA

◆ 소유형용사(대명사의 소유격)

	단수	복수
Yo	mi	mis
Tú	tu	tus
El	su	sus
Nosotros	nuestro(a)	nuestro(a)s
Vosotros	vuestro(a)	vuestro(a)s
Ellos	su	sus

위의 형용사들은 일반적으로 명사 앞에 위치한다. 따라서 전치형 소유형용사라고 불리며 명사와 성·수 일치를 해야한다.

Ellos son mis hermanos. 그들은 내 형제들이야.

Tu novia es muy guapa. 네 여자친구는 매우 예뻐.

Tus amigas son simpáticas. 네 친구들은 착해.

Pedro es su compañero de piso. 페드로는 그/그녀의 하우스메이트야.

Pedro y Carolina son sus compañeros de trabajo. 페드로와 카롤리나는그/그녀의 직장 동료야.

María es nuestra amiga. 마리아는 우리 친구야.

Ustedes son nuestros invitados. 당신들은 우리 손님이다.

Ellas son vuestras amigas. 그녀들은 너희들의 친구야.

◆ 전치격 인칭대명사

인칭대명사가 전치사와 함께 사용할 경우에는 전치격이 사용된다.

de mí　de nosotro(a)s

de ti　de vosotro(a)s

de él　de ellos

de ella　de ellas

de usted de ustedes

¡OJO! 전치사 con이 mí나 ti 앞에 올 때에는 conmigo, contigo의 형태로 바뀐다.

◆ IR 동사 불규칙 변화

	단수	복수
1인칭	Voy	Vamos
2인칭	Vas	Vais
3인칭	Va	Van

영어의 'go'에 해당되는 동사로 '-에 간다' 의 뜻을 가지고 있다. 보통 목적지가 나오면 전치가 'a'를 사용한다.

Voy a la escuela. 나는 학교에 간다.

Mañana vamos a Barcelona. 내일 우리는 바르셀로나에 간다.

¿Adónde van ellos? 그들은 어디에 갑니까?

영어의 'be going to + 동사원형'의 미래표현이 있듯이 'ir a + 동사원형' 표현은 '-을 하려고 한다' 라는 뜻으로 미래를 나타낸다.

Voy a viajar a España el próximo verano. 다음 여름에 난 스페인 여행갈거야.

¿Qué vas a hacer este sábado? 이번 토요일에 너 뭐 할거니?

일인칭 복수형을 사용해서 영어의 'Let's + 동사원형' 용법처럼 사용된다.

Vamos a cantar juntos. 함께 노래합시다.

¡OJO! 일상대화에서는 상대방을 격려하거나 재촉할때 ¡Vamos! 라는 표현도 자주 쓰인다.

◆ PODER 동사 불규칙 변화

	단수	복수
1인칭	Puedo	Podemos
2인칭	Puedes	Podéis
3인칭	Puede	Pueden

영어의 'may'에 해당하는 조동사이다. 동사변화가 불규칙이다. 어간모음 '-o-'가 '-ue-' 로 변한다. 복수 1인칭과 2인칭은 모음이 변하지 않는다. 조동사 poder 다음에는 동사원형이 온다.

¿Puedo pedirte un favor? 부탁 하나 해도 될까요?

Aquí no pueden fumar. 여기서는 흡연을 할 수 없습니다.

Carmen puede hablar español. 카르멘은 스페인어를 말할 수 있다.

Si quieres, puedes descansar en tu habitación. 원하면 네 방에서 쉬어도 돼.

◆ SABER 동사 변화

	단수	복수
1인칭	Sé	Sabemos
2인칭	Sabes	Sabéis
3인칭	Sabe	Saben

'어떤 지식이나 사실, 정보를 알다'라는 의미를 가진다.

Sé que vienes a la fiesta. 나는 네가 파티에 온다는거 알아.

No sé dónde está Pablo. 나는 파블로가 어디에 있는지 몰라.

¿Sabes cuándo es el cumpleaños de José? 너는 호세의 생일이 언제인지 알아?

Sabemos que la Tierra gira alrededor del Sol. 우리는 지구가 해 주변을 돈다는 사실을 안다.

'Saber + 동사원형'은 '~를 할 줄 안다'는 표현이다.

¿Sabes hacer esto? 너 이거 할 줄 알아?

María sabe cocinar paella. 마리아는 파에야 만들 줄 알아.

¿Sabéis jugar al tenis? 너희들 테니스 칠 줄 알아?

◆ DAR 동사 불규칙 변화

	단수	복수
1인칭	Doy	Damos
2인칭	Das	Dais
3인칭	Da	Dan

영어의 'give'에 해당하는 동사이다. 전형적인 수여동사 중의 하나이고 명사와 결합해서 관용표현으로 쓰이기도 한다.

Te doy un libro. 너에게 책 한 권 줄게.

¿Me das tu teléfono de móvil? 휴대폰 번호 좀 주시겠어요?

La Oficina de Turismo nos da toda la información. 관광안내소에서 모든 정보를 우리에게 제공한다.

Damos un paseo por el río. 우리는 강주변을 산책합니다.

Ella da una conferencia el lunes. 그녀는 월요일에 강연을 한다.

El Sol da luz y calor a la Tierra. 태양은 지구에 빛과 열을 준다.

◆ HABER 동사의 특수용법 hay

스페인어의 존재동사에 해당하는 hay동사는 영어와는 달리 복수형이 존재하지 않는다. 그러나 정관사 표현이 못 오는 것은 동일하다.

There is a book on the table.

There are some books on the table.

위의 예문과는 달리 스페인어는 Hay만 존재한다

Hay un libro sobre la mesa. 테이블 위에 책 한권이 있다.

Hay unos libros sobre la mesa. 테이블 위에 책 몇 권이 있다.

¡OJO! Hay el libro en mi habitación. (x)

◆ 감탄문

스페인어의 감탄문은 명사와 함께 성·수 일치하는 경우도 있고 변화하지 않는 경우가 있다. 다음은 감탄사의 종류이다. 형태상으로는 의문사와 동일하다.

Invariables	Variables			
Cómo	Cuánto	Cuánta	Cuántos	Cuántas
Qué				

위의 감탄사들은 명사, 형용사, 부사 그리고 동사들과 함께 쓰인다. 화자의 느낌이나 감정을 나타낸다.

¡Qué profesor! 대단한 교수님이셔! (문맥에 따라 여러 해석이 가능함)

¡Qué calor hace! 너무 덥다!

¡Qué alegría! 너무 즐겁다!

¡Qué locura! 미쳤다!

¡Qué rica esta paella! 이 파에야 너무 맛있다!

¡Qué tranquilo vives! 너 참 조용하게 산다!

¡Qué bien! 너무 좋다!

¡Cómo duele! 너무 아프다!

¡Cuánto dinero! 돈 엄청 많네! / 돈 엄청 썼네! (문맥에 따라 여러 해석이 가능함)

EXPRESIONES

◆ Mira. Hay una frente a la universidad.

이 문장에서 'una'는 'cafetería'를 의미한다. 스페인어는 같은 명사를 반복해서 사용하지 않고 이렇게 관사만 남겨서 사용할 수 있다. 'frente a'는 '~의 앞에', '맞은 편에'를 의미한다.

◆ ¿Vienes conmigo?

스페인어에서는 '오다'라는 뜻의 venir 동사를 사용했지만 한국어로는 '나랑 같이 갈래?'가 된다.

◆ Tienes que ir al edificio central.

'tener que + 동사원형' 구문은 '~ 해야한다'는 의무를 나타내는 표현이다. 이는 6과에서 자세히 다루기로 한다.

◆ Claro que sí.

'당연히 그렇지'라는 표현이다. 'sí'자리에 'no'가 오면 '당연히 그렇지 않지'가 된다.

◆ ¿Está lejos de aquí?

'estar lejos de ~' 구문은 '~에서 멀다'를 뜻한다. 반대로 '~에서 가깝다'는 'estar cerca de ~' 이다.

◆ Se tardan unos 15 minutos andando.

andando는 andar 동사의 현재분사이다. 현재분사에 대해서는 9과에서 자세히 다루기로 한다.

◆ Si quieres, puedes tomar el metro o el autobús.

모음에 악센트가 없는 si는 영어의 if에 해당하는 것으로 '만약 ~라면'이라는 조건문에 쓰인다.

EJERCICIO

A. 다음 문장의 빈칸에 saber 동사를 알맞게 넣으시오.

1. Yo ( ) bailar la salsa.
2. Pedro ( ) la historia de España.
3. Juan y yo ( ) conducir el coche.
4. ¿( ) tú hablar español?
5. Ellos ( ) que Juan sale con Carmen.

B. 다음 문장의 빈칸에 ir 동사를 알맞게 넣으시오.

1. Mis amigos ( ) a la iglesia los domingos.
2. ¿Qué ( ) a hacer tú este fin de semana?
3. No sé qué línea ( ) a tomar.
4. Nosotros ( ) a escuchar una canción muy famosa.
5. ¿Adónde ( ) esa golondrina?

El metro de Madrid

Museo del Prado

Lección 6

Mi familia

* 의사소통 : 가족 소개하기
* 문법 요소 : 기수(0-20)

  tener 동사 용법

  conocer 동시 용법

DIÁLOGO

Raúl: Hola, Carmen. Bienvenida a mi casa. Estos son mis padres Álvaro y Pilar

Álvaro: ¿Qué tal?

Pilar: Hola.

Carmen: Mucho gusto en conocerles.

Raúl: Carmen es mi compañera de clase. Es de Paraguay.

Álvaro: ¿Cuánto tiempo llevas en España?

Carmen: Llevo solo dos meses. Raúl me ayuda mucho.

Raúl: Ella se adapta muy bien.

Carmen: Bueno, vivo con mi hermana en un piso.
Puede ser por eso.

Pilar: Tienes razón. Mi hijo estudia en Francia y a veces le echo de menos. Vuelve a casa la próxima semana para pasar la Navidad con nosotros.

Carmen: Yo también echo de menos a mi familia.

Álvaro: ¿Cómo es tu familia?

Carmen: Es una familia grande. Vivo con mis abuelos y tengo tres hermanos. Mi padre es abogado y mi madre es ama de casa.

Pilar: ¿Tus padres conocen Madrid?

Carmen: Todavía no. A lo mejor el próximo verano vienen a España a verme.

Pilar: ¡Qué bien!

Vocabulario

A -에	Abogado 변호사	Abuelo 할아버지	Adaptarse 적응하다
Ama de casa 주부	Ayudar 도우다	Casa 집	Compañero 동료
Cuánto 얼마나	Grande 큰	Hijo 아들	Llevar 지니다, 계속해서 -하다
Menos 더 적게, -전	Mes 달, 월	Navidad 크리스마스	Pasar 보내다
Piso 아파트	Próximo 가까운, 다음의	Razón 이성, 이유	Semana 주
Tiempo 시간	Ver 보다	Verano 여름	Volver 돌아오다

GRAMÁTICA

◆ 수사 (기수 0-20)

0	cero	1	uno	2	dos
3	tres	4	cuatro	5	cinco
6	seis	7	siete	8	ocho
9	nueve	10	diez	11	once
12	doce	13	trece	14	catorce
15	quince	16	dieciséis	17	diecisiete
18	dieciocho	19	diecinueve	20	veinte

◆ TENER 동사 불규칙 변화

	단수	복수
1인칭	Tengo	Tenemos
2인칭	Tienes	Tenéis
3인칭	Tiene	Tienen

영어의 'have'동사처럼 중요한 동사 중의 하나이며 용법이 매우 다양하다. 소유를 의미하는 기본적인 뜻에서부터 다양한 표현이 있다. 그리고 영어의 'have + to + 부정사' 표현이 'must'의 의미를 지니는데 'tener + que + 동사원형'은 '-해야만 한다'라는 뜻을 가진 중요한 표현이다.

Tengo dos hermanos. 난 두 명의 형제가 있다.

Miguel tiene un piso. 미겔은 아파트 한 채를 가지고 있다.

¿Tienes alguna pregunta o duda? 너 질문이나 궁금한 거 있니?

Estás enfermo y tienes que ir al hospital. 너는 아프니 병원에 가야한다.

나이를 묻는 표현에 사용한다.

¿Cuántos años tienes? 나이가 몇 살이니?

Tengo 20 años. 나는 스무살이야.

Mi hermano tiene trece años. 내 동생은 열세살이야.

명사와 결합해서 관용구 표현으로 사용된다.

Tengo calor. 나는 더워요.
Tengo frío. 나는 추워요.
Tengo hambre. 나는 배고파요.
Tiene sueño. 나는 졸려워요.
Tienes razón. 네 말이 옳아.
Tengo mucha sed. 나는 무척 목이 마르네요.

◆ CONOCER 동사 불규칙 변화

	단수	복수
1인칭	Conozco	Conocemos
2인칭	Conoces	Conocéis
3인칭	Conoce	Conocen

Conocer는 '경험으로 알다', '(사람을) 알다', '(무엇에) 정통하다'는 의미를 갖는다.

Conozco bien esta calle. 나는 이 길 잘 알아.

¿Conoces a Paco? 너 파코를 알아?

No conocemos todos los tipos de vinos. 우리는 모든 종류의 와인을 알지는 못해.

Mis padres conocen Madrid y Barcelona. 우리 부모님은 마드리드와 바르셀로나를 알아. (가봐서 안다)

EXPRESIONES

◆ Ella se adapta muy bien.

adaptar는 '적응시키다'를 의미하고 adaptarse는 자동사화되어 '적응하다'가 된다. 이 용법의 se는 재귀대명사이다. 재귀대명사 se는 8과에서 본격적으로 다루기로 한다.

◆ ¿Cómo es tu familia?

¿Cómo está tu familia? 문장과 차이점을 생각해보자. ser 동사를 사용하면 가족의 구성원에 대해서 묻는 표현이지만 estar 동사를 사용하면 가족의 안부를 묻는 것이다.

◆ A lo mejor el próximo verano vienen a España para verme.

'a lo mejor'는 '아마도'라는 뜻을 가진 표현이다. 같은 의미를 가진 표현으로는 'quizá'와 'tal vez'가 있다.

EJERCICIO

A. 다음 문장의 빈칸에 tener 동사를 알맞게 넣으시오.

1. (   ) mucha sed y quiero beber agua.
2. ¿Cuántos años (   ) tu hermano?
3. ¿Cuántos años (   ) Camen?
4. Ella está enferma y (   ) que ir al hospital.
5. Son casi las dos y yo (   ) hambre.

B. 다음 문장의 빈칸에 saber와 conocer 중 알맞은 것을 문장에 맞게 변화시키시오.

1. Yo (   ) a Pedro.
2. Nosotros no (   ) dónde está Carmen.
3. ¿(   ) tú jugar al fútbol?
4. Nosotros no (   ) Madrid todavía.
5. Ellos no (   ) qué tienen que hacer.

MEMO

Lección 7

Conozco un buen restaurante.

* 의사소통 : 식당에서 주문하기
* 문법 요소 : 목적격 인칭대명사
  서수

DIÁLOGO

Gabriel: Hoy es mi cumpleaños.

Adriana: ¿En serio? ¡Feliz cumpleaños! Tenemos que celebrarlo.

Gabriel: Muchas gracias.

Adriana: Conozco un restaurante muy bueno cerca de aquí. Vamos a comer ahí.

Gabriel: Muy bien. Tengo mucha hambre.

Adriana: Pues vamos.

(...)

Camarero: Bienvenidos.

Adriana: ¿Nos puede traer el menú, por favor?

Camarero: Sí, claro. Aquí lo tienen.

(...)

Camarero: ¿Qué van a tomar?

Adriana: De primer plato, quiero una ensalada mixta. Y de segundo, una pechuga de pollo con patatas y huevo frito.
¿Qué te apetece, Gabriel?

Gabriel: ¿Qué me recomiendas?

Adriana: ¿Qué tal una paella de mariscos? El cocinero es valenciano. Puedes probar una paella de Valencia auténtica.

Gabriel: Vale. Como me la recomiendas, la voy a probar. Y de segundo, quiero un filete de ternera.

Camarero: ¿Cómo quiere el filete?

Gabriel: Lo quiero muy hecho, por favor.

Camarero: ¿Qué desean de postre?

Adriana: Yo, tarta de manzana.

Gabriel: Yo, arroz con leche.

Camarero: Muy bien. ¿Y para beber?

Adriana: Pedimos una botella de vino, ¿qué te parece?

Gabriel: Genial.

Camarero: ¿Tinto o blanco?

Adriana: Vino tinto, por favor.

(...)

(Depués de terminar de comer)

Adriana: La cuenta, por favor. Hoy te invito porque es tu cumpleaños.

Gabriel: Es mi cumpleaños. Tengo que invitar yo.

Camarero: Aquí la tiene.

Gabriel: Voy a pagar con tarjeta de crédito y esto es de propina.

Camarero: Gracias. Ahora le traigo el recibo.

Vocabulario

Ahí 거기, 그곳에	Apetecer 내키다	Botella 병	Camaero 웨이터	Celebrar 축하하다
Cocinero 요리사	Comer 먹다	Cuenta 계산서	Cumpleaños 생일	Ensalada 샐러드
Feliz 행복한	Filete 스테이크	Frito 튀긴	Hambre 배고픔	Huevo 계란
Invitar 초대하다	Menú 메뉴	Pagar 지불하다	Patata 감자	Pechuga 가슴살
Pollo 닭	Postre 후식	Probar 맛보다	Propina 팁	Recibo 영수증
Recomendar 추천하다	Serio 진지한	Tarjeta de crédito 신용카드		Ternera 소고기
Traer 가져오다				

GRAMÁTICA

◆ 직접목적격대명사

	단수	복수
1인칭	me	nos
2인칭	te	os
3인칭	le/lo	les/los
	la	las

직접목적격대명사는 동사 앞에 위치한다.

Juan te quiere. 후안은 너를 사랑한다.

Mi abuela escribe una carta. 우리 할머니는 편지를 쓴다.

Mi abuela la escribe. 우리 할머니는 그것을 쓴다.

부정사 구문에서는 본동사 뒤에 붙여 쓰거나 조동사 앞에 위치할 수 있다.

Quiero comprar una bicicleta. 나는 자전거 한 대를 사고 싶다.

La quiero comprar. 나는 그것을 사고 싶다.

Quiero comprarla. 나는 그것을 사고 싶다.

¡OJO! 본동사 뒤에 붙여 쓰면서 악센트의 위치가 변할 경우 원래 악센트 위치에 이를 표기한다.

3인칭 남성 직접목적격대명사는 le와 lo 두 가지인데 le는 사람일 때 lo는 사물일때 사용한다. (중남미에서는 모두 lo로 사용)

Le llamo esta tarde. 그에게 오늘 오후에 전화하겠다.

Hay un libro en la mesa. Lo voy a leer hoy. 테이블 위에 책 한 권이 있다. 난 오늘 그것을 읽을 예정이다.

◆ 간접목적격대명사

	단수	복수
1인칭	me	nos
2인칭	te	os
3인칭	le	les

간접목적격대명사도 동사 앞에 위치한다.

Te doy este regalo. 나는 네게 이 선물을 준다.

El profesor Fernández nos enseña español. 페르난데스 교수님께서 우리에게 스페인어를 가르치신다.

부정사 구문에서는 본동사 뒤에 붙여 쓰거나 조동사 앞에 위치할 수 있다.

Quiero comprar una bicicleta a mi hija. 나는 우리 딸에게 자전거 한 대를 사주고싶다.

Le quiero comprar una bicicleta. 나는 그녀에게 자전거 한 대를 사주고 싶다.

Quiero comprarle una bicicleta. 나는 그녀에게 자전거 한 대를 사주고 싶다.

¡OJO! 본동사 뒤에 붙여 쓰면서 악센트의 위치가 변할 경우 원래 악센트 위치에 이를 표기한다.

한 문장 내에 간접목적격대명사와 직접목적격대명사가 함께 올 경우 간접목적격대명사가 앞에 온다. 목적격대명사가 둘 다 3인칭인 경우 간접목적격대명사 le/les는 se로 바뀐다.

Te doy este regalo. 나는 네게 이 선물을 준다.

Te lo doy. 나는 네게 그것을 준다.

El profesor Fernández nos enseña el español. 페르난데스 교수님께서 우리에게 스페인어를 가르치신다.

El profesor Fernández nos lo enseña. 페르난데스 교수님께서 우리에게 그것을 가르치신다.

José quiere enviar a María una postal. 호세는 마리아에게 엽서를 보내고 싶어한다.

José se la quiere enviar. 호세는 그녀에게 그것을 보내고 싶어한다.

José quiere enviársela. 호세는 그녀에게 그것을 보내고 싶어한다.

3인칭 간접목적격대명사가 누구를 지칭하는지 명확하지 않을 경우 중복형 (a ~)을 사용한다.

Ella le entrega a Pedro un libro. 그녀가 페드로에게 책 한권을 건넨다.

Vosotros le habláis a Paula. 너희들은 파울라에게 말한다.

◆ 서수

1º	primero
2º	segundo
3º	tercero
4º	cuarto
5º	quinto
6º	sexto
7º	séptimo
8º	octavo
9º	noveno
10º	décimo

서수는 명사 앞 또는 뒤에 사용되어 '~째의'로 해석되며 명사의 성·수에 일치시켜야 한다. 이때 항상 명사의 관사가 동반되어야 한다. primero와 tercero는 뒤에 남성 단수 명사가 오면 '-o' 가 탈락된다.

el primer día (= el día primero) 첫째 날

la primera impresión 첫 인상

los primeros días de mayo 5월초 몇 일

el tercer capítulo 제 3장

Este libro es la octava edición. 이 책은 여덟 번째 판이다.

EXPRESIONES

◆ Como me la recomiendas, la voy a probar.

이 문장에서 'como'는 '~ 때문에'라는 의미로 사용된 접속사이다. 이 접속사는 문두에 사용한다. 'como'는 그 밖에도 '~ 처럼', '~ 대로'의 의미를 가진 부사로도 사용된다.

◆ Después de terminar de comer

'después de'는 '~ 한 이후에'라는 표현이다. 전치사 'de' 다음에 동사가 올 때는 동사원형이 온다. terminar 동사는 '마치다', '끝내다'라는 뜻을 가지며 '~ 하는 것을 끝내다'라고 할 때는 'de'를 동반해 'terminar de + 동사원형' 구문을 사용한다.

◆ Voy a pagar con tarjeta de crédito.

'tarjeta de crédito'는 신용카드이다. 신용카드로 지불할 때는 전치사 'con'을 사용하고 현금으로 지불할 경우에는 'Voy a pagar en efectivo.'라고 한다.

EJERCICIO

A. 다음 문장을 목적격 대명사를 이용해 바꾸시오.

1. Tenemos una guitarra.
2. Mis padres conocen a Juan.
3. Hablo español.
4. Él quiere enviar esta carta.
5. Ella compra un ordenador.
6. María me pasa la sal.
7. Necesitas limpiar la habitación.
8. Visito su casa.
9. Ellos van a llamar a Ana y José.
10. Mi hermano le dice la verdad a ella.

B. 빈칸에 알맞은 서수를 넣으시오.

1. el (　　　　　) libro 여섯 번째 책
2. la (　　　　　) reunión 제3차 회의
3. los (　　　　　) meses de 2021 2021년 첫 몇 달

C. 다음 문장들을 대화 순서가 맞도록 배열하시오.

1. ¿Y de segundo?
2. Quiero gazpacho andaluz.
3. ¿Qué desea de postre?
4. Me trae el bistec poco hecho.
5. Flan de huevo.
6. ¿Qué va a tomar de primero?

Menú del día

스페인의 여러 식당에서는 'menú del día'를 제공한다. 전식, 메인 요리, 후식, 음료로 구성되어 있는 경제적인 세트 메뉴로, 제한된 몇 가지 요리 가운데 선택해 주문할 수 있으며 무엇을 주문하든 가격은 고정되어 있다. 이름에서도 알 수 있듯이 매일 메뉴가 바뀌는데 식당의 사정에 따라 또는 계절에 따라 이는 다를 수 있다.

전식은 메인 요리 전에 간단히 먹는 음식으로 수프(sopa), 샐러드(ensalada), 파스타(pasta) 등으로 구성되어 있다. 파에야(paella)도 전식에 해당하는 메뉴인데 식당에 따라 메인으로 내놓는 곳도 있다. 메인 요리 또는 주 요리로는 주로 육류, 생선이 나온다. 후식에는 주로 푸딩류(flan, natillas 등), 요구르트(yogurt), 과일(fruta), 아이스크림(helado), 케익(tarta) 등이 포함된다.

▶ 소고기 굽기 정도

가장 간단한 분류는 다음과 같다. 이보다 더 세밀한 분류도 가능하다.

Poco hecho < Hecho < Muy hecho

MEMO

Lección 8

¿A qué hora te levantas?

* 의사소통 : 하루 일과 소개하기
* 문법 요소 : 재귀대명사 se
  시간 표현
  기수(21-1000)
  날짜 표현
  요일 표현
  접속사 que
  관계대명사 que

DIÁLOGO 1

Miguel:	Buenos días, Pilar.
Pilar:	Buenos días, Miguel.
Miguel:	Estoy muy cansado.
Pilar:	¿Por qué?
Miguel:	Es que no duermo bien últimamente.
Pilar:	¿Te pasa algo?
Miguel:	No lo sé.
Pilar:	¿A qué hora te levantas?
Miguel:	A las cinco
Pilar:	¿Por qué tan temprano?
Miguel:	Es que no puedo dormir bien.
Pilar:	¿Tomas algún medicamento?
Miguel:	No.
Pilar:	¿Quieres un consejo? Consulta a un médico.
Miguel:	Sí, tienes razón.

DIÁLOGO 2

José: Hola, Carmen. ¿Qué hora es?

Carmen: Son las diez y veinte.

José: Menos mal. Tengo una clase de español a las diez y media. El tráfico de hoy es terrible y estoy muy preocupado.

Carmen: Tranquilo. Todavía hay tiempo.

José: ¿Sabes que el profesor es muy duro?

Carmen: Ya lo sé. Tiene fama... pero dicen que enseña muy bien.

José: Eso sí. Por cierto, ¿cuándo es tu examen?

Carmen: El próximo jueves.

José: Buena suerte.

Carmen: Gracias, cuídate.

Vocabulario

Algo 어떤 것	Cansado 피곤한	Consejo 충고	Consultar 상담하다
Cosa 사물	Creer 믿다, 생각하다	Dormir 자다	Duro 딱딱한, 엄격한
Enseñar 가르치다	Famoso 유명한	Hora 시간	Levantarse 일어나다
Medicamento 약	Médico 의사	Mejor -보다 좋은	Preocupado 걱정하는
Suerte 운	Tanto 그렇게 많은	Temprano 일찍	Terrible 무서운
Tráfico 교통	Últimamente 최근에		

GRAMÁTICA

◆ 재귀대명사 se

	단수	복수
1인칭	me	nos
2인칭	te	os
3인칭	se	se

재귀대명사 se는 대부분 타동사와 함께 쓰여 행동이 자기 자신에게 돌아오는 것을 표현한다. 예를 들어, levantar 동사는 '~를 일으키다'이지만 levantarse가 되면 '자신을 일으키다'가 된다.

Me acuesto muy temprano. 난 매우 일찍 잔다.

Mi mamá me acuesta siempre. 엄마가 항상 나를 재우신다.

Elena quiere casarse con Alfonso. 엘레나는 알폰소와 결혼하고 싶어한다.

El padre de Elena quiere casar a su hija con Roberto. 엘레나의 아버지는 그의 딸을 로베르토와 결혼시키기를 원한다.

Los niños se sientan en sus sillas. 아이들은 그들의 의자에 앉는다.

El profesor sienta a los niños en sus sillas. 선생님은 아이들을 그들의 의자에 앉힌다.

◆ 시간표현

¿Qué hora es? 몇 시인가요?

Es la una. 한 시입니다

Son las dos y cinco. 두시 오분입니다.

Son las siete y cuarto. 일곱시 십오분입니다.

Son las cinco y media. 다섯시 삼십분입니다.

Son las diez menos cinco. 열시 오분전입니다.

◆ 수사 (기수 21-1000)

21	veintiuno	22	veintidós
23	veintitrés	24	veinticuatro
25	veinticinco	26	veintiseis
27	veintisiete	28	veintiocho
29	veintinueve	30	treinta
31	treinta y uno	39	trienta y nueve
40	cuarenta	49	cuarenta y nueve
50	cincuenta	52	ciencuenta y dos
60	sesenta	63	sesenta y tres
70	setenta	75	setenta y cinco
80	ochenta	86	ochenta y seis
90	noventa	97	noventa y siete
100	ciento/cien	110	ciento diez
140	ciento cuarenta	190	ciento noventa
200	doscientos	300	trescientos
400	cuatrocientos	500	quinientos
600	seiscientos	700	setecientos
800	ochocientos	900	novecientos
1000	mil	2000	dos mil

◆ 날짜표현

¿Qué fecha es hoy? 오늘은 몇 일인가요?

Hoy es catorce de febrero. 오늘은 2월 14일입니다

¿A cuántos estamos hoy? 오늘은 몇 일인가요?

Estamos a doce de octubre. 오늘은 10월 12일입니다

Hoy es el uno/primero de enero. 오늘은 1월 1일입니다.

◆ 요일 표현

¿Qué dia es hoy? 오늘은 무슨 요일인가요?

Hoy es lunes. 오늘은 월요일입니다.

Mañana es sábado. 내일은 토요일입니다.

스페인어의 경우 요일 앞에는 전치사가 필요없고 관사 el을 사용한다.

Voy al cine el domingo. 나는 일요일에 영화관에 간다.

◆ 접속사 que

의견을 나타내는 동사 creer/opinar/pensar 다음에 쓰인다.

Creo que la película es muy interesante. 그 영화는 매우 흥미있다고 생각해.

Pienso que Juan es muy amable. 후안은 매우 친절하다고 생각해.

Dicen que Pilar es muy simpática. 사람들이 필라르는 매우 착하다고 해.

¡OJO! Dicen que는 decir 동사 3인칭 복수형을 사용해서 '사람들이 말하기를'의 뜻을 가지는 용법이며 'Se dice que' 표현과 뜻이 동일하다.

시간표현과 결합해서 'Hace + 시간표현 + que ~' 구문은 '~한지 얼마나 된다'라는 의미를 가진다. 이때 hacer동사는 반드시 3인칭 단수형으로만 쓰인다.

Hace un año que no veo a Juan. 후안을 못 본지 1년 됐다.

Hace tres meses que estudiamos el español. 우리는 스페인어를 배운 지 3개월 됐다.

¿Cuánto tiempo hace que vives en España? 스페인에 산 지 얼마나 됐니?

◆ 관계대명사 que

El libro es muy fácil. Lo utilizamos en clase. 그 책은 매우 쉽다. 그것을 수업에 이용한다.

➜ El libro que utilizamos en clase es muy fácil. 우리가 수업에 이용하는 책은 매우 쉽다.

일반적으로 명사구를 분석하면 관계대명사 que를 이용해서 바꾸어 사용할 수 있다.

La paloma blanca → la paloma que es blanca

☞ 관계대명사는 16과에서 좀 더 자세히 다루기로 한다.

EXPRESIONES

◆ Consulta a un médico.

이 문장에서 'consulta'는 명령형이다. '병원 가봐라'는 의미이다. 명령문은 20과에 자세히 다루기로 한다.

◆ Menos mal.

직역하면 '덜 나쁘다'는 의미로 '다행이다'라는 뜻으로 사용한다.

◆ Por cierto, ¿cuándo es tu examen?

'por cierto'는 화제를 전환할 때 사용하는 표현이다.

◆ Buena suerte.

행운을 빌어줄 때 사용하는 표현이다.

◆ Cuídate.

원형은 cuidarse로 여기서는 '몸 조심해라'는 명령문으로 사용되었다. 명령문은 20과에서 다룬다.

EJERCICIO

A. 다음 괄호 안에 적절한 동사를 넣으시오.

1. (   ) dos años que no bebo.
2. (   ) que voy a sacar buena nota.
3. (   ) que la situación va a mejorar.
4. (   ) mucho tiempo que no voy al teatro.
5. (   ) poco tiempo que los estudiante aprenden español.

B. 다음 시간을 스페인어로 표현해보시오.

1. 10:20
2. 09:30
3. 11:15
4. 14:25
5. 19:10
6. 20:45
7. 21:50
8. 24:00
9. 01:30
10. 04:15

다음 스페인어권의 휴일이나 축제에 대해서 친구들과 유래에 대해서 함께 얘기해 봅시다.

La Navidad

El día de Muertos

Semana Santa

Las Fallas

MEMO

Lección 9

¿Te gusta la música latina?

* 의사소통 : 좋아하는 것, 취미생활 말하기
* 문법 요소 : gustar 동사 용법
  현재분사

DIÁLOGO

Elena:	Hola, Bora. ¿Qué tal?
Bora:	Muy bien. ¿Tú, qué tal?
Elena:	Bien. ¿Qué haces?
Bora:	Estoy escuchando música latina.
Elena:	¿De verdad? ¿Te gusta la música latina?
Bora:	Me encanta. Cuando tengo tiempo, escucho a muchos cantantes latinos en Youtube.
Elena:	¡Qué bien! A mí me gusta mucho Maná. Es un grupo mexicano. Luego te voy a recomendar algunos.
Bora:	Gracias. Oye, ¿te gusta ver películas?
Elena:	Sí, me gusta mucho.
Bora:	¿Quieres ir al cine conmigo?
Elena:	Claro que sí.
Bora:	¡Qué bien! Mañana se estrenan varias películas.
Elena:	Genial. Escogemos una.
Bora:	Vale. Luego te llamo.

VOCABULARIO

Cantante 가수	Encantar 매료시키다	Escoger 선택하다	Escuchar 듣다
Estrenar 개봉하다	Grupo 그룹	Latino 라틴의	Luego 이후에
Película 영화	Varios 다양한, 여러		

GRAMÁTICA

◆ GUSTAR 동사

gustar 동사 구문은 일반 동사 구문과 다르다. 간접목적격대명사(me, te, le, nos, os, les)가 의미상의 주어가 되며, 의미상 목적어가 문법상의 주어가 된다. gustar동사는 3인칭 단수·복수 형태만 주로 사용한다.

Me gusta cantar. 나는 노래 부르기를 좋아한다.

Nos gusta bailar. 우리는 춤 추는 것을 좋아한다.

¿Te gustan estos bolsos? 너 이 가방들 맘에 드니?

- Sí, me gustan. 응, 좋아.

대상을 강조하거나 명확히 밝히기 위해 전치격 대명사를 동반할 수 있다.

A mí me gusta esta novela. 나는 이 소설을 좋아한다.

A Alejandro le gusta la sopa de pollo. 알레한느로는 닭고기 수프를 좋아한다.

gustar와 같은 용법의 동사들로는 doler, encantar, faltar, importar, sonar 등이 있다.

◆ 현재분사

1. 형태

규칙형 현재분사

1) -AR형 동사는 어미가 -ando로 바뀐다

hablar → hablando　　cantar → cantando

2) -ER형 동사는 어미가 –iendo로 바뀐다.

comer → comiendo　　poner → poniendo

3) -IR형 동사는 어미가 –iendo로 바뀐다.

vivir → viviendo　　escribir → escribiendo

불규칙형 현재분사

불규칙 형태는 세 가지 유형으로 나뉜다.

1) 어간 모음 -e-가 -i-로 바뀌는 경우

decir → diciendo　　　pedir → pidiendo

2) 어간 모음 -o-가 -u-로 바뀌는 경우

dormir → durmiendo　　　poder → pudiendo

3) 어간이 모음으로 끝나는 경우 어미가 -yendo로 바뀐다.

leer → leyendo　　　oír → oyendo

2. 용법

1) 현재진행형

'estar + 현재분사' 구문은 현재진행형으로 '~하는 중이다'를 뜻한다.

¿Qué estás haciendo? 너 뭐하는 중이니?

Estoy haciendo ejercicio. 나 운동하는 중이야.

Mis hijos están durmiendo. 우리 애들은 자고 있다.

Estos días está haciendo mucho calor. 요즘 날씨가 많이 덥다.

Mi mamá está preparando la cena de Navidad. 우리 엄마는 크리스마스 음식을 준비중이시다.

2) 진행중인 동작

ir, venir, llevar, seguir, continuar 동사와 함께 쓰여 계속해서 진행중인 동작을 나타낸다.

La economía va mejorando. 경제가 나아지고 있다.

Corea y Chile vienen realizando varios proyectos. 한국과 칠레는 여러 프로젝트를 실행해 오고 있다.

Llevo dos años viviendo en Madrid. 나는 마드리드에 산지 2년 됐다.

Mi novio sigue pintando. 내 남자친구는 계속 그림을 그린다.

3) 동시 동작

현재분사는 기본적으로 '~하면서'라는 뜻을 가지며 주절의 동사와 동시에 일어나는 동작을 나타낸다.

Me ducho escuchando música. 나는 음악을 들으며 샤워한다.
Vamos a hablar tomando un café. 우리 커피 한 잔 하면서 얘기합시다.

EXPRESIONES

◆ Me encanta.

'Me gusta mucho'와 같은 정도의 표현이라고 생각하면 된다. encantar는 gustar보다 강도가 더 세다.

◆ Mañana se estrenan varias películas.

estrenar 동사는 '개봉하다', '초연하다', '처음으로 사용하다'의 뜻이 있다. 이 문장에서는 '개봉한다'는 뜻으로 수동태가 되었다. se를 동반한 수동태 구문은 15과에서 자세히 다루도록 한다.

EJERCICIO

A. 다음 문장의 빈칸에 gustar동사를 알맞게 넣으시오.

1. Me ( ) la comida española.
2. ¿Os ( ) escuchar la radio?
3. Te ( ) mucho aprender nuevas cosas.
4. A Julio y Verónica les ( ) el chocolate.
5. Le ( ) estas revistas.

B. 다음 괄호 안의 동사를 현재분사로 바꾸시오.

1. Estoy (abrir) la ventana.
2. ¿Estás (preparar) la maleta?
3. Ella está (pedir) explicaciones..
4. Estamos (leer) el Quijote.
5. Estáis (decir) una mentira.
6. Están (dormir) en el sofá.

MEMO

Lección 10

¿Qué tiempo hace hoy?

* 의사소통 : 날씨 표현하기
* 문법 요소 : querer 동사 용법

  전치사

DIÁLOGO

Mira: ¡Qué calor hace aquí!

Pedro: Sí, en Madrid hace mucho calor en verano.

Mira: En Corea hace mucho calor pero no tanto como aquí. La temperatura hoy en Madrid es de 38 grados, según las noticias.

Pedro: Si vas a Sevilla o Córdoba es aún más.

Mira: Me gustaría viajar a Galicia. Dicen que hace fresco en verano.

Pedro: Es verdad. ¿Sabes algo del Camino de Santiago?

Mira: Claro que sí. Hay muchos libros sobre el Camino. Además, hay muchos peregrinos coreanos que hacen el Camino de Santiago.

Pedro: Ya lo sé. Por cierto, ¿hay muchos católicos en Corea?

Mira: Sí, hay muchos. Yo también soy católica, pero el budismo es la religión con más personas.

Pedro: ¿Hace mucho frío en tu país?

Mira: Sí, mucho. Suele nevar y se puede esquiar. En cambio, en verano llueve mucho. Tenemos un calor muy húmedo.

Pedro: ¿Hay tifones?

Mira: Sí. Creo que el otoño es la mejor estación para viajar, aunque algunos dicen que la primavera es mejor.

Pedro: Bueno, cada uno tiene sus propios gustos. Quiero viajar a tu país el próximo año.

VOCABULARIO

Aún (비교급과 함께 쓰여) 더욱더	Budismo 불교	Calor 더위	Cambio 변화
Católico 카톨릭의, 카톨릭신자	Esquiar 스키 타다	Estación 계절	Fresco 신선한
Frío 추위	Grado 정도, 등급	Húmedo 습한	Llover 비가 오다
Nevar 눈이 오다	Noticia 뉴스	Otoño 가을	País 나라, 국가
Peregrino 순례자	Primavera 봄	Propio 고유의	Religión 종교
Temperatura 온도	Tifón 태풍	Viajar 여행하다	

GRAMÁTICA

◆ QUERER 동사 불규칙 변화

	단수	복수
1인칭	Quiero	Queremos
2인칭	Quieres	Queréis
3인칭	Quiere	Quieren

querer 동사는 '~를 좋아하다, 원하다'는 의미를 가진 동사이다. 'querer + 동사원형'은 '~하기를 원하다'는 표현이 된다.

Quiero descansar un rato. 나는 잠시 쉬고 싶다.

¿Quieres abrir la ventana? 너 창문을 열고 싶니?

◆ 전치사

국어에는 후치사가 있지만 스페인어의 경우에는 전치사가 존재한다. 독립적인 의미는 가지고 있지만 동사나 다른 단어와 결합해서 사용되며 의외로 다양한 의미를 가지는 품사이기도 하다.

A: 목적지 장소나 사람이 목적어일 때 사용된다. 또한 시간 표현에 쓰인다.

Voy a Barcelona. 나는 바르셀로나에 간다.

Conozco a Pedro. 나는 페드로를 안다.

Voy al cine. 나는 영화관에 간다. (전치사 a 가 관사 el 앞에 오면 축약형 al로 쓰인다)

Nos vemos a las siete. 우리 일곱시에 보자.

Con: '-와 함께'라는 의미를 가진 전치사이다.

Café con leche 라떼

¿Con quién vas de viaje? 너 누구랑 여행가니?

De: 출신이나 출발지 그리고 재료를 가리키는데 쓰인다.

Somos de Argentina. 우리는 아르헨티나 출신이다.

Soy de Salamanca. 나는 살라망카 출신이다.

¿De dónde vienes? 너 어디서 오는 거니?

Vengo del cine. 영화관에서 오는 길이야. (de가 관사 el 앞에 오면 축약형 del로 쓰인다)

Desde: 출발지점이나 출발시각을 가리킨다. 영어의 'from'에 해당한다고 보면 된다.

Voy a la universidad a pie desde mi casa. 나는 집에서부터 대학교까지 걸어서 간다.

¿Desde cuándo vives aquí? 넌 언제부터 여기 사니?

En: 장소를 가리킬 때 쓰인다.

Carmen está en su habitación. 카르멘은 그녀의 방에 있다.

Estoy en casa. 난 집에 있다.

Hasta: 시간이나 공간의 목표지점을 가리킬 때 사용한다.

Vamos a dar un paseo hasta el parque. 우리 공원까지 산책하자./산책할 것이다.

Voy a estar en Madrid hasta febrero. 나는 마드리드에 2월까지 머물 예정이다.

Para: 목적이나 목표을 가리킬 때 사용한다.

¿Para qué estudias español? 넌 스페인어를 왜 공부하니?

Estudio para viajar por España. 스페인을 여행하려고 공부해.

Practico todos los días para mejorar mi nivel de español. 나는 스페인어 실력을 향상시키기 위해 매일 연습한다.

Por: 정확한 목적지보다는 경유지를 통과하는 지점을 가리킬 때 쓰인다.

¿Por dónde vas a Málaga? 어디를 통해 말라가로 가니?

Voy por Sevilla. 세비야를 통해서 가.

Sobre: '~위에' 라는 장소를 가리키지만 대략적인 시간을 가리킬 때도 사용한다.

El libro está sobre la mesa. 책은 테이블 위에 있다.

Nos vemos sobre las dos, ¿vale? 우리 두 시에 보자, 알았지?

EXPRESIONES

◆ Me gustaría viajar a Galicia.

'gustaría'는 가정미래 용법이다. 여러가지 쓰임이 있지만 여기서는 현재 어떤 행위를 실행하지 못하는데 따른 아쉬움을 표현한다.

◆ Suele nevar y se puede esquiar.

'soler + 동사원형'은 '~ 하곤 하다'는 반복적 행위를 나타낸다. 'se puede esquiar'에서 사용된 'se'는 비인칭의 se로 '일반적으로 (사람들이) ~ 하다'는 표현이다. 이는 14과에서 자세히 다루도록 한다.

◆ En cambio

'반면에'를 의미한다. 앞서 언급된 내용과 상반되는 내용을 말할 때 사용한다.

◆ Creo que el otoño es la mejor estación para viajar, aunque algunos dicen que la primavera es mejor.

'la mejor estación'은 '가장 좋은 계절'로 최상급 표현이다. 'la primavera es mejor' 구문에서 'mejor'는 비교급으로 사용되었으며 비교 대상은 앞서 언급된 otoño(가을)이다. 비교급과 최상급은 11과에서 자세히 다루기로 한다.

EJERCICIO

A. 다음 문장을 작문하시오.

1. 한국은 여름이 매우 더워요.
2. 오늘은 날씨가 매우 시원하네요.
3. 오늘은 비가 오네요.
4. 내일 눈이 온다고 하네요.
5. 여름에는 비가 많이 옵니다.
6. 오늘은 월요일입니다.
7. 토요일에는 수업이 없습니다.
8. 저는 매주 일요일마다 교회에 갑니다.
9. 제 생일은 8월 15일입니다.
10. 2020년은 코로나로 힘든 한 해이다.

B. 다음 질문에 스페인어로 대답해보시오.

1. ¿Qué tiempo hace hoy?
2. ¿Qué sabes del Camino de Santiago?
3. ¿Tienes religión?
4. ¿Esquías? ¿Dónde?
5. ¿Cuál es la mejor estación para ti?
6. ¿A dónde quieres viajar en las vacaciones?

Camino de Santiago

Catedral de Santiago de Compostela

Lección 11

Vamos al mercado.

* 의사소통 : 시장에서 장보기
* 문법 요소 : 비교급
  최상급
  분수표현

DIÁLOGO

Minsu: Sebastián, la nevera está vacía.

Sebastián: Ya lo sé. ¿Qué te parece si vamos al mercado a comprar algo?

Minsu: Me parece bien. Necesitamos comprar un poco de todo.

Sebastián: Si quieres, vamos ya.

Minsu: Vale.

(...)

Minsu: Allí venden todo tipo de carne. Y enfrente hay verduras.

Sebastián: Perfecto.

Minsu: ¡Hola, buenas tardes!

Vendedora: Buenas tardes. ¿Qué desean?

Sebastián: Queremos un kilo de lomo de cerdo. ¿Cuánto vale?

Vendedora: ¿Cerdo normal o ibérico?

Minsu: Prefiero el ibérico aunque es más caro. Es riquísimo.

Sebastián: Sí. El cerdo ibérico es mejor que el normal.

Vendedora: Aquí está. Son 20 euros.

Sebastián: Bien. Ahora vamos por las verduras.

(...)

Vendedora: Buenos días. Hoy tenemos muy buenos champiñones. Tenemos las mejores verduras de este mercado.

Minsu: Hola, señora. Queremos comprar champiñones. ¿A cuánto está el kilo?

Vendedora: A 4 euros.

Minsu: Vale. Un cuarto de kilo, por favor.

Vendedora: ¿Algo más? Los espárragos verdes son tan buenos como los champiñones.

Sebastián: ¿Cuánto vale el manojo?

Vendedora: Vale 3 euros.

Sebastián: Me pone dos manojos, por favor.

Vendedora: Aquí tienen. Son 7 euros.

VOCABULARIO

Carne 고기	Caro 비싼	Cerdo 돼지	Champiñón 양송이 버섯
Comprar 사다	Desear 원하다	Espárrago 아스파라거스	Euro 유로
Ibérico 이베리아 반도의	Kilo 킬로	Lomo 등심	Manojo 묶음
Mercado 시장	Necesitar 필요하다	Nevera 냉장고	Normal 보통의
Perfecto 완벽한	Riquísimo 매우 맛있는 (rico의 절대최상급)		Tipo 유형, 종류
Todo 모든	Vacío 텅빈	Vender 팔다	Verde 초록색, 초록색의
Verdura 채소			

GRAMÁTICA

◆ 우등비교: A는 B 보다 더 ~ 하다.

más + 형용사/부사/명사 + que

Soy más alto que tú. 나는 너보다 키가 크다.
España es más grande que Corea del Sur. 스페인이 한국보다 크다.
Carlos es más amable que Mario. 까를로스가 마리오보다 더 친절하다.

Caminas más rápido que yo. 너는 나보다 빠르게 걷는다.
Manuel viene más tarde que nosotros. 마누엘은 우리보다 더 나중에 온다.
Hablo más lento que mi hermano mayor. 나는 우리 형보다 말을 더 느리게 한다.

Ella tiene más dinero que él. 그녀가 그보다 돈을 더 갖고 있다.
Tienes más trabajo que él. 네가 그보다 일이 더 많다.

◆ 열등비교: A는 B 보다 덜 ~ 하다.

menos + 형용사/부사/명사 + que

Soy menos alto que tú. 나는 너보다 키가 작다.
Eres menos fuerte que yo. 너는 나보다 덜 강하다.
Corro menos rápido que Juan. 나는 후안보다 느리게 달린다.
Tenemos menos experiencia que ellos. 우리는 그들보다 경험이 적다.
Ella habla menos idiomas que tú. 그녀는 너보다 할 줄 아는 언어가 더 적다.

◆ 동등비교: A는 B 만큼 ~ 하다.

tan + 형용사/부사 + como
tanto + 명사 + como

Esta novela es tan interesante como aquella. 이 소설은 저 소설만큼이나 흥미롭다.
Sus hijas son tan bonitas como las muñecas. 그의/그녀의 딸들은 인형만큼 예쁘다.

Óscar habla tan rápido como ella. 오스카는 그녀만큼 말을 빠르게 한다.

No tengo tantos recuerdos como tú. 나는 너만큼 기억이 없다.

◆ 최상급: ~에서 가장 ~한 것

정관사 + más/menos + 형용사 + 전치사 (de, en, entre)

정관사 + 명사 + más/menos + 형용사 + 전치사 (de, en, entre)

Agustín es el más serio entre nosotros. 아구스틴이 우리 중에서 가장 진지한 사람이다.

Fernanda es la menos gorda entre mis amigas. 페르난다가 내 친구 중에 가장 덜 뚱뚱하다.

Marcela es la estudiante más inteligente de mi clase. 마르셀라가 우리 반에서 가장 똑똑한 학생이다.

Asia tiene el monte más alto del mundo. 전세계에서 가장 높은 산은 아시아에 있다.

Vamos a la repostería más rica de Madrid. 마드리드에서 가장 맛있는 빵집에 가자/간다.

▶ 불규칙 비교급, 최상급

형용사 bueno(좋은), malo(나쁜), grande(나이가 많은), pequeño(나이가 적은)의 비교급과 최상급 변화형은 아래와 같다.

원급	비교급	최상급
bueno	mejor	el/la mejor
malo	peor	el/la peor
grande	mayor	el/la mayor
pequeño	menor	el/la menor

Este móvil es mejor que aquel. 이 핸드폰이 저 핸드폰보다 낫다.

Este televisor es peor que ese. 이 TV가 그 TV보다 나쁘다.

Andrés es mayor que Miguel. 안드레스가 미겔보다 나이가 많다

Soy menor que tú. 나는 너보다 나이가 적다.

Esta es la mejor opción. 이것이 가장 나은 선택이다.

Pepe es mi mejor amigo. 페페는 나의 가장 좋은 친구이다.

◆ 절대최상급

비교 대상이 존재하는 최상급과 다르게 절대최상급은 비교대상이 없으며 절대적인 기준에서 최고를 나타낸다. 형용사나 부사에 –ísimo를 붙여 만든다.

hermoso → hermosísimo　　　　rápido → rapidísimo

다음과 같이 불규칙 형태도 존재한다.

rico → riquísimo　　　　fácil → facilísimo

Este vestido es hermosísimo. 이 드레스는 무척 예쁘다.

Esta paella es riquísima. 이 파에야는 정말 맛있다.

◆ 분수 표현

분자는 기수로, 분모는 서수로 읽는다. 1/2, 1/3의 분모는 medio, tercio로 읽는다. 분자가 복수이면 분모도 복수로 읽는다.

1/2 un medio

1/3 un tercio

1/4 un cuarto

1/5 un quinto

2/3 dos tercios

3/4 tres cuartos

EXPRESIONES

◆ ¿Qué te parece si vamos al mercado a comprar algo?

¿Qué te parece ~? 구문은 '~ 하는 게 니가 볼 때 어떻니?' 라는 표현으로 상대의 의견을 물을 때 사용한다. 이에 대한 대답은 'Me parece ~'로 한다.

◆ Necesitamos comprar un poco de todo.

necesitar 동사 뒤에 동사원형이 와서 '~ 할 필요가 있다'는 표현이 된다.

EJERCICIO

A. 다음 문장을 완성하시오.

1. Ana es más delgada (   ) su hermana.
2. Seúl es la ciudad más (   ) de Corea.
3. Esta cafetería es la más rica (   ) la ciudad.
4. Juan tiene (   ) amigos como yo.
5. Este castillo es tan bello (   ) aquel.

B. 주어진 의미에 맞는 단어로 빈칸을 채우시오.

1. Eres mi .... (최고의) amigo.
2. Alfonso es más .... (키가 큰) que Luis.
3. Él habla español tan .... (잘) como tú.
4. Esta naranja es más .... (신선한) que aquella.
5. Este hotel es .... (매우 나쁜).
6. Mi padre es .... (나이가 많은) que mi madre.
7. No soy tan .... (젊은) como tú.
8. Corea del Norte es más .... (땅이 큰) que Corea del Sur.
9. La fresa es más .... (작은) que la manzana.
10. El fútbol es el deporte más .... (인기 있는) en España.

C. 다음 문장을 작문하시오.

1. 우리는 너희보다 더 힘이 세다.
2. 그는 나보다 빨리 도착한다.
3. 나는 너만큼 시간이 많지 않다.
4. 그녀는 나만큼 일을 빨리 한다.
5. 한라산은 한국에서 가장 높은 산이다.

MEMO

Lección 12

Te queda grande.

* 의사소통 : 옷 쇼핑하기
* 문법 요소 : buscar 동사 용법
  encontrar 동사 용법
  quedar 동사 용법

DIÁLOGO

Mina:	Hola. ¿Dónde puedo encontrar blusas de seda?
Dependiente:	Hola, bienvenidas. Las blusas están allí a la derecha.
Isabel:	Gracias.
Mina:	Me voy a probar esta blusa.
Isabel:	Vale.
Mina:	¿Qué tal? ¿Me queda bien?
Isabel:	Creo que te queda un poco grande.
Dependiente:	Le busco una talla más pequeña. Aquí tiene.
Mina:	Gracias. (...) Ahora sí me queda bien, ¿no?
Isabel:	Sí. Te queda genial.
Dependiente:	¿Quieren algo más? Hoy tenemos faldas en oferta. Las ofertas están en esta sección.
Isabel:	¡Fenomenal! Necesito comprar una falda.
Mina:	Te recomiendo esta. No sé si te gusta el color. Pienso que no es tu favorito.
Isabel:	No, pero me la voy a probar.
Dependiente:	Le queda muy bien.
Isabel:	Sí, me gusta mucho. Me la llevo.

Mina:	¿Estás segura?
Isabel:	Sí.

VOCABULARIO

Blusa 블라우스
Falda 치마
Probarse 입어보다
Seguro 안전한, 확실한
Derecha 오른쪽
Fenomenal 뛰어난, 근사한, 멋진
Sección 섹션, 구역
Talla 사이즈
Encontrar 찾아내다, 발견하다
Oferta 특가판매, 할인판매, 제공
Seda 실크

GRAMÁTICA

◆ BUSCAR 동사

'찾다', '수색하다', '구하다' 등의 뜻을 가진 동사로써 뒤에 나오는 동사 encontrar와 혼동하지 말아야한다.

Busco mi móvil. 나는 핸드폰을 찾고 있다.

Pablo busca trabajo. 파블로는 일자리를 구한다.

Estoy buscando un asiento libre. 나는 빈 자리를 찾고 있다.

¿Puedes buscar mis llaves? 내 열쇠를 좀 찾아볼 수 있니?

◆ ENCONTRAR 동사 불규칙 변화

	단수	복수
1인칭	Encuentro	Encontramos
2인칭	Encuentras	Encontráis
3인칭	Encuentra	Encuentran

'찾아내다', '발견하다' 등의 뜻을 가진 동사이다. 찾고 있던 사람이나 물건을 마침내 찾아내거나 발견할 때 사용한다.

No encuentro mi móvil. 나는 내 핸드폰을 못 찾겠다.

Si lo buscas, puedes encontrarlo. 네가 그것을 찾아보면 발견할 수 있다.

◆ QUEDAR 동사

'남다', '머물다', '어떤 상태로 남다', '위치하다', '(시간, 거리 등이)남아있다', '만날 약속을 하다', '~하기로 하다' 등의 뜻을 가진 동사이다.

Nosotros quedamos en casa. 우리는 집에 남는다.

Aquella chaqueta le queda mejor. 저 자켓이 그에게/그녀에게 더 잘 어울린다.

El Palacio Real queda cerca de aquí. 왕궁은 여기에서 가깝다.

Quedan dos horas para llegar a casa. 집에 도착하기 두 시간 남았다.

¿Que te parece si quedamos el viernes a las 2 de la tarde y comemos juntos? 금요일 두 시에 만나서 같이 식사하면 어떻겠니?

Entonces así quedamos. 그럼 우리 그렇게 하기로 하자. (직설법 현재시제는 청유의 용법도 지닌다)

EXPRESIONES

◆ Me voy a probar esta blusa.

probarse 동사는 '입어보다', '신어보다'는 뜻을 갖고 있다.

	단수	복수
1인칭	Me pruebo	Nos probamos
2인칭	Te pruebas	Os probáis
3인칭	Se prueba	Se prueban

Me voy a probar este traje de baño. 나는 이 수영복을 입어보겠다.

¿Puedo probarme estos zapatos? 이 신발 신어봐도 되겠습니까?

¡OJO! '먹어보다', '시식하다'는 se 없이 probar만 사용한다.

Quiero probar este vino tinto. 나는 이 와인을 마셔보고 싶다.

Tienes que probar la tortilla de patatas. 너는 감자 또르띠야를 먹어 봐야 한다.

◆ ¿Estás segura?

'seguro'는 '안전한', '확실한', '확신하는' 등의 의미를 가진 형용사이다. 'estar seguro'라는 표현은 '~는 안전하다' 또는 '~를/~ 에 대해서 확신하다'는 의미를 가지며 'seguro'는 주어의 성·수에 일치한다. 본문의 대화에서는 두 번째 뜻으로 쓰였다.

Raúl está seguro aquí. 라울은 여기서 안전하다.

No estoy seguro. 나는 확신이 없다.

Ellas están seguras. 그녀들은 확신한다.

EJERCICIO

A. buscar, encontrar, quedar, probarse, llevarse 동사를 문맥에 알맞게 넣으시오.

1. Lo vamos a (   ) en el cajón.
2. El traje le (   ) pequeño.
3. Me (   ) un kilo de manzana.
4. Vas a (   ) la librería a la izquierda.
5. Puede (   ) estas gorras.
6. Me (   ) demasiado grande la camisa.
7. La empresa (   ) a una secretaria.
8. Tenemos que (   ) la solución hasta el viernes.
9. ¿Qué tal estas gafas? – Me encantan. Me las (   ).
10. ¿Queréis (   ) el traje tradicional de Corea?

B. 주어진 단어를 활용하여 대화를 완성해보시오.

Dependienta:	Señorita, ¿en qué (1. poder) servirle?
Alejandra:	No (2. encontrar) los vestidos.
Dependienta:	Los vestidos están a la derecha. ¿Qué tipo de vestido (3. querer)?
Alejandra:	(4. buscar) vestidos de color verde o rojo.
Dependienta:	Este verde (5. ser) muy bonito.
Alejandra:	Ah, sí. ¿(6. poder) mostrarme el otro color?

Dependienta:	Claro. Aquí tiene el rojo.
Alejandra:	¿Puedo (7. probarse) los dos?
Dependienta:	Por supuesto.
Alejandra:	(unos minutos después) Me (8. gustar) los dos. (9. llevarse) los dos vestidos.
Dependienta:	Vale. Los dos le (10. quedar) muy bien.

Rebajas

스페인은 여름과 겨울에 최고 70%까지 할인하는 바겐세일을 진행한다. 세일은 rebajas라고 한다.

MEMO

Lección 13

Me duele el estómago.

* 의사소통 : 병원 진료
* 문법 요소 : doler 동사 용법

  중성관사 lo

  부정이

  ni 용법

  deber + 동사원형

  과거분사

DIÁLOGO

Garam: ¿Me puedes hacer un favor?

Juan: Sí, claro.

Garam: Me duele mucho el estómago. ¿Puedes acompañarme al médico?

Juan: Claro que sí. Voy contigo.

Garam: Gracias.

(...)

Garam: Buenos días, doctor.

Médico: ¿Qué le ocurre?

Garam: Me duele el estómago. No puedo comer nada. Y además tengo diarrea.

Médico: A ver. (...) Tiene un poco de fiebre. ¿Nota algún otro síntoma?

Garam: Sí. Tengo un poco de frío.

Médico: ¿Desde cuándo?

Garam: Desde ayer por la noche.

Médico: ¿Tiene alergia a algún medicamento?

Garam: No.

Médico: Aquí tiene esta receta. Tiene que tomar estas medicinas durante tres días.

Juan: Doctor, ¿tiene que hacer algo más además de tomar las pastillas?

Médico: Descansar, beber mucha agua y no fumar ni beber alcohol. También debe evitar alimentos difíciles de digerir.

Garam: Entendido. Muchas gracias.

VOCABULARIO

Acompañar 같이 가다, 동행하다	Además 게다가, 더욱이	Alcohol 술	Alergia 알러지
Alimento 식품	Descansar 쉬다, 휴식하다	Desde (시간) ~ 부터, (장소) ~ 로부터, ~ 에서	
Diarrea 설사	Difícil 어려운	Digerir 소화시키다	Doctor 의시, 박시
Doler 아프다	Durante ~ 동안	Estómago 위	Evitar 피하다
Favor 부탁, 은혜	Fiebre 열	Fumar 흡연하다	Medicina 약
Médico 의사	Pastilla 약	Receta 처방전	Síntoma 증상, 징후

GRAMÁTICA

◆ DOLER 동사

doler 동사는 gustar 동사류에 속한다. 따라서, 간접목적격대명사(me, te, le, nos, os, les)가 의미상의 주어가 되며, 의미상 목적어가 문법상의 주어가 된다.

Me duele la cabeza. 나는 머리가 아프다.

¿Te duelen los ojos? 너는 눈이 아프니?

Le duele el corazón. 그는/그녀는 마음이 아프다.

◆ 중성관사 lo

중성관사 lo와 형용사가 함께 쓰여 명사화 된다.

Lo importante para mí es llegar antes de las 6 de la tarde. 내게 중요한 것은 오후 6시 이전에 도착하는 것이다.

Lo bueno de esto es la calidad. 이것의 좋은 점은 품질이다.

◆ 부정어

Algo 뭔가, 어떤 것 (대명사)

¿Quieres tomar algo? 뭐 마시고 싶니? (뭐 마실거 줄까?)

Te digo algo. 네게 뭐 좀 얘기할게.

Alguno ~중의 누구, 어떤 것 (대명사/형용사). 성·수 일치가 필요하며 남성 단수명사 앞에서 'o'가 탈락한다.

Algunos son nuevos. 어떤 것들은 새 것이다. / 어떤 이들은 새 인물이다.

Quiero visitar Cuba algún día. 나는 언젠가는 쿠바를 방문하고 싶다.

Nada 아무것도 ~아니다 (대명사)

No pasa nada. 아무 일도 아니야.

No hay nada. 아무것도 없다.

Ninguno 누구도, 아무것도 ~ 아니다 (대명사/형용사). 성 일치가 필요하며 남성 단수 명사 앞에서 'o'가 탈락한다. 의미상 복수는 존재하지 않는다.

Ninguno de estos me gusta. 이것들 중 아무것도 맘에 안 든다.

Ninguno me gusta. 어떤 것도 맘에 안 든다.

No hay ningún problema. 아무 문제도 없다.

¡OJO! nada와 ninguno는 동일 문장 내에 no가 있어도 이중부정이 되지 않는다.

◆ Ni 용법

접속사로써 '~도 (아니다)'를 뜻한다.

No bebo alcohol ni café. 나는 술도 커피도 안 마신다.

부정을 강조하여 '~ 조차도 아니다'는 의미를 갖는다.

No tengo dinero ni para comprarlo. 나는 그것을 살 돈 조차도 없다.

◆ DEBER + 동사원형

'~ 해야한다'는 의무를 나타내는 구문이다. 'tener que + 동사원형'과 비슷하면서도 도덕적 의무를 가리킨다.

Debo llegar temprano. 나는 일찍 도착해야 한다.

No debes tomar tanto alcohol. 너는 술을 그렇게 많이 먹으면 안된다.

Debemos decirle la verdad. 우리는 그에게/그녀에게 진실을 말해야 한다

◆ 과거분사

1. 형태

규칙형 과거분사

1) -AR형 동사는 어미가 -ado로 바뀐다.

hablar → hablado cantar → cantado

2) -ER형 동사는 어미가 –ido로 바뀐다.

comer → comido　　　　beber → bebido

3) -IR형 동사는 어미가–ido로 바뀐다.

vivir → vivido　　　　subir → subido

불규칙형 과거분사

abrir → abierto　　　　escribir → escrito

hacer → hecho　　　　leer → leído

poner → puesto　　　　ver → visto

2. 용법

1) 명사를 수식하거나 주격보어 역할을 한다. 형용사처럼 쓰인 것이므로 명사의 성·수에 일치시킨다.

Tengo un bolso hecho de piel. 나는 가죽으로 만든 가방이 하나 있다.

Daniela regresa a casa muy cansada. 다니엘라는 매우 피곤한 상태로 귀가한다.

2) ser, estar와 함께 쓰여 수동태 구문을 형성한다.

ser + 과거분사 (동작수동구문)

과거분사는 주어의 성·수에 일치시킨다. 일반적으로 'por + 행위자'를 동반한다.

Juan cierra la puerta. 후안이 문을 닫는다.

La puerta es cerrada por Juan. 문은 후안에 의해 닫힌다.

Samuel arregla la habitación. 사무엘은 방을 정리한다.

La habitación es arreglada por Samuel. 방은 사무엘에 의해 정리된다.

Mi empresa realiza esos proyectos. 우리 회사가 이 프로젝트들을 실행한다.

Esos proyectos son realizados por mi empresa. 이 프로젝트들은 우리 회사에 의해 실행된다.

estar + 과거분사 (상태수동구문)

☞ 14과 참조.

3) 현재완료

'haber + 과거분사' 형태로 현재완료 용법은 19과에서 자세히 다루기로 한다.

EXPRESIONES

◆ Me duele el estómago.

'나 (어디가) 아프다'는 말은 'Me duele ~' 외에도 'Tengo dolor de ~'로 표현할 수 있다.

Me duele el estómago. 나는 배가 아프다.
= Tengo dolor de estómago. 나는 배가 아프다.
Le duele la cabeza. 그는/그녀는 머리가 아프다.
= Tiene dolor de cabeza. 그는/그녀는 머리가 아프다.

◆ además de

además는 '게다가', '더욱이' 등의 의미를 지닌 부사이다. además de는 '~ 이외에'를 뜻한다. 따라서 본문의 ¿tiene que hacer algo más además de tomar las pastillas?는 '약 먹는 것 이외에도 해야 할 게 있습니까?'라는 말이다.

¿Hablas algún otro idioma además del español? 너는 스페인어 외에도 할 줄 아는 언어가 있니?
Tengo tos y fiebre además de estornudos y mocos. 나는 재채기와 콧물외에 기침도 하고 열도난다.

◆ También debe evitar alimentos difíciles de digerir.

'fácil/difícil de + 동사원형'은 '~ 하기에 쉽다/어렵다'를 의미한다. 따라서 'alimentos difíciles de digerir'는 '소화하기에 어려운 음식'을 뜻한다.

¡OJO!

El alfabeto coreano es fácil de aprender.
Es fácil aprender el alfabeto coreano.

두 문장이 비슷한 뜻인 것 같지만 미묘한 차이가 있다.
첫 번째 문장은 주어가 'el alfabeto coreano'이므로 '한글은 배우기에 쉽다'는 의미가 되고
두 번째 문장은 'aprender el alfabeto coreano'가 주어이므로 '한글을 배우는 것은 쉽다'가 된다.

EJERCICIO

A. 해석에 맞게 빈칸에 알맞은 단어를 넣으시오.

1. Me (　　　　) la garganta. 나는 목이 아프다.
2. Le (　　　　) los dientes. 그는/그녀는 이빨이 아프다.
3. A Julia le (　　　　) el tobillo izquierdo. 훌리아는 왼쪽 발목이 아프다.
4. Tenemos todo (　　　　). 우리는 필요한 모든 것을 가지고 있다.
5. Lo (　　　　) de la vida. 삶의 본질
6. Lo (　　　　) de la montaña es el paisaje. 산의 아름다움은 경치이다.
7. No me llamas (　　　　) me envías mensaje. 너는 내게 전화도 문자도 안 한다.
8. No me envías (　　　　) un mensaje. 너는 내게 문자 하나도 하지 않는다.
9. Yo no (　　　　) a la fiesta. 나는 축제에 가지 말아야 한다.
10. Nosotros (　　　　) a la pregunta. 우리는 그 질문에 답해야 한다.

B. 다음 문장을 작문하시오.

1. 나는 배가 아프지도 않고 머리가 아프지도 않다.
2. 그녀는 쉬운 것보다 어려운 것을 더 좋아한다.
3. 너는 달리기를 하면 안된다.

Lección 14

La Feria de Sevilla

* 의사소통 : 길묻기
* 문법 요소 : 비인칭의 se
  al + 동사원형
  estar + 과거분사

DIÁLOGO

Natalia: Ya estamos en Sevilla.

Bomin: Por fin. Pero veo que no hay mucha gente en la calle. ¿Dónde están todos?

Natalia: Tenemos que ir a un recinto especial llamado Real de la Feria. Creo que está muy cerca.

Bomin: Mejor vamos a preguntar cómo llegar ahí.

Natalia: Perdón. ¿Cómo podemos llegar al Real de la Feria?

Señor: Seguís todo recto. Luego giráis a la izquierda al llegar a la calle Antonio Bienvenida y vais a ver la Portada al fondo.

Bomin: Muchas gracias, señor.

(...)

Natalia: Allí está la Portada.

Bomin: ¡Qué bonita! Es la entrada del recinto ferial, ¿verdad?

Natalia: Así es. ¡A ver qué encontramos!

Bomin: ¿Qué son estos puestos?

Natalia: Se llaman casetas. Es como el hogar del sevillano durante la feria. Se recibe a familiares y amigos, se come y bebe aquí.

Bomin: ¡Qué trajes tan bonitos!

Natalia: Sí, también se baila y canta en las casetas. Están bailando sevillanas.

Bomin: ¿Podemos entrar en alguna caseta?

Natalia: Normalmente no puedes entrar si no estás invitada.

Bomin: Vale. Solo voy a mirar.

VOCABULARIO

Bailar 춤추다
Entrar 들어가다
Fondo 막다른곳, 밑바닥
Invitado 초대받은
Normalmente 보통
Recibir 받다
Sevillano 세비야의, 세비야 사람
Calle 길
Especial 특별한
Gente 사람들
Izquierda 왼쪽
Perdón 용서, 실례합니다
Recinto 경내, 구내
Cantar 노래하다
Familiar 친척, 친근한
Girar 돌다, 회전하다
Llegar 도착하다
Preguntar 물어보다
Recto 직선, 직선의
Traje 복장
Entrada 입장권, 입구
Fin 끝
Hogar 가정
Mirar 보다
Puesto 노점, 점포, 가게
Sevillanas 세비야나춤

GRAMÁTICA

◆ 비인칭의 se

3인칭 단수 동사와 함께 쓰여 '일반적으로 ~하다/~이다'는 의미를 지닌다. 따라서 주어는 일반인이 된다.

Se vive feliz aquí. 여기서는 사람들이 행복하게 산다.

Se habla español en Colombia. 콜롬비아에서는 스페인어를 한다.

Se come bien en este restaurante. 이 레스토랑은 음식이 잘 나온다.

◆ al + 동사원형

'~ 할 때'를 표현한다. 'al' 다음에 동사원형이 오기 때문에 주어를 나타낼 필요가 없으며 동사변화를 할 필요도 없다.

Me siento feliz al ver a mis hijos. 나는 내 자식들을 볼 때 행복을 느낀다.

Paulina bosteza al levantarse todos los días. 파울리나는 매일 일어나서 하품한다.

◆ estar + 과거분사 (상태수동구문)

수동문의 일종으로 어떤 행동의 결과를 나타낸다. 과거분사는 주어의 성·수에 일치해야 한다.

La tienda está abierta. 상점은 열려있다.

El banco está cerrado. 은행은 문이 닫혀있다.

Estos libros están escritos en inglés. 이 책들은 영어로 쓰여있다.

El billete de avión está reservado. 항공권은 예약되어 있다.

Está prohibido fumar en el hospital. 병원에서는 흡연이 금지되어 있다.

EXPRESIONES

◆ Por fin

'결국', '마침내', '드디어'를 의미한다.

◆ Vais a ver la Portada al fondo.

'al fondo'는 '막다른 곳', '제일 깊숙한 곳'을 의미한다. 어떤 길의 끝을 말한다. 따라서 이 문장은 '너희들은 길 끝에 정문이 있음을 볼 것이다'라는 뜻이다.

EJERCICIO

A. 해석에 맞게 빈칸을 채우시오.

1. (   ) arroz en Corea. 한국에서는 쌀을 먹는다.
2. (   ) español en México. 멕시코에서는 스페인어를 한다.
3. ¿Cómo (   ) tu nombre? 네 이름은 어떻게 써?
4. ¿(   ) aquí? 여기에서 담배 피워도 됩니까?
5. En España (   ) muy tarde. 스페인에서는 점심식사를 늦게 한다.

B. 주어진 단어를 활용하여 해석에 맞게 빈칸을 채우시오.

1. Las entradas .... (agotado). 입장권은 매진됐다.
2. Esa copa .... (roto). 그 잔은 깨졌다.
3. Él .... (casado). 그는 결혼했다.
4. Berenice .... (preocupado). 베레니세는 걱정한다.
5. La casa ya .... (construido). 집은 이미 다 지어졌다.

Feria de Sevilla

Feria de Sevilla는 Feria de Abril이라고도 불리며 안달루시아지방의 세비야에서 매년 개최되는 축제이다. 부활절 이후 두 번째 일요일에 시작해 다음 토요일까지 일주일간 지속된다. Las Fallas(발렌시아), Sanfermines(팜플로나)와 함께 스페인의 3대 축제이다.

Portada

Caseta

Jinetes y coches de caballo

Trajes

MEMO

Lección 15

Viaje por América Latina

* 의사소통 : 여행계획 상의하기
* 문법 요소 : 수동의 se

DIÁLOGO

Pablo: Hoy vamos a fijar nuestro plan de viaje a América Latina.

Mónica: De acuerdo. Los billetes de avión ya están reservados. Nos falta buscar el hotel en la Ciudad de México y reservar la excursión en las islas Galápagos.

Claudia: Sí. Este hotel es económico y está muy bien comunicado.

Pablo: Me gusta. Nos quedamos ahí.

Claudia: Vamos a darnos prisa para reservar. Si no, se agotan las habitaciones.

Mónica: Estoy muy emocionada porque vamos a visitar Teotihuacán y el Museo Nacional de Antropología.

Pablo: Yo también. Un amigo mío me recomienda esta excursión en yate por las islas Galápagos. Dura 8 horas. Cuesta 172 dólares por persona.

Claudia: Me parece bien.

Mónica: Vale. Además, se alquilan bicicletas en el hotel. Así que, podemos aprovechar el servicio.

Pablo: Perfecto. El último destino es Machu Picchu.

Claudia: Machu Picchu se conoce como “la ciudad perdida de los incas”.

Mónica:	Ya tenemos reservada la entrada. Llegando a Aguascalientes, vamos a reservar el autobús hasta allí porque así sale más barato.
Pablo:	Buena idea.

VOCABULARIO

América Latina 라틴아메리카	Antropología 인류학	Aprovechar 활용하다
Avión 비행기	Barato 값싼	Bicicleta 자전거
Billete 표	Comunicado 교통이 좋은	Destino 목적지
Durar 지속하다	Económico 경제적인, 경제의	Emocionado 감동된
Excursión 소풍, 투어, 관광여행	Faltar 부족하다	Fijar 고정시키다
Habitación 룸, 방	Inca 잉카의, 잉카사람	Islas Galápagos 갈라파고스제도
Perdido 잃어버린	Plan 계획	Servicio 서비스
Último 마지막의, 최종의, 최신의	Yate 요트	

GRAMÁTICA

◆ 수동의 se

se를 이용한 수동 구문은 'se + 3인칭 단수/복수 동사 + 3인칭 단수/복수 주어' 형태로 구성된다.

Se abre la puerta. 문이 열린다.

Se venden casas. (다수의) 집을 팝니다.

Se alquilan pisos. (다수의) 아파트를 세 놓습니다.

Hoy se soluciona el problema. 오늘 그 문제가 해결된다.

Se construyen varios edificios en mi barrio. 우리 동네에서는 여러 건물들이 지어진다.

Se buscan dos secretarias. 여비서 두 명을 구한다.

Se necesitan muchos científicos en nuestro país. 우리나라에는 많은 과학자가 필요하다.

Se agotan las entradas en una hora. 입장권은 한 시간 내에 동난다.

Se debaten varios temas en la reunión. 회의에서는 여러 주제를 토의한다.

Se destruyen muchos patrimonios culturales. 많은 문화유산이 파괴된다.

Se publica su primer libro el próximo mes. 다음 달에 그의 첫 책이 출간된다.

El vidrio se rompe fácilmente. 유리는 쉽게 부서진다.

EXPRESIONES

◆ Nos quedamos ahí.

quedarse는 '~에 머물다'는 표현이다.

◆ Vamos a darnos prisa para reservar.

'prisa'는 '서두름', '신속함', '급함'을 뜻하고 'darse prisa'는 '서두르다'를 의미한다.

◆ Cuesta 172 dólares por persona.

'por persona'는 '일인당'이라는 뜻이다.

◆ Así sale más barato.

이 문장에서 salir 동사는 '결과로서 ~하게 나타나다'라는 뜻을 갖는다. salir 동사 앞에 간접목적격대명사가 올 수도 있다.

Nos sale más barato hacer escala en Los Ángeles. 로스엔젤레스를 경유하는 게 우리에게 더 싸다.

EJERCICIO

A. 해석에 맞게 다음의 수동태 구문을 완성하시오.

1. ( ) entradas el domingo. 일요일에 입장권을 판다.
2. ( ) los platos aquí. 여기에 접시들이 놓인다.
3. ( ) comidas especiales para Navidad. 크리스마스를 위해 특별 음식이 준비된다.
4. ( ) ordenadores usados. 중고 컴퓨터를 삽니다.
5. ( ) médicos. 의사가 필요하다.
6. ( ) relojes. 시계를 수리한다.
7. ( ) varios árboles. 많은 나무가 베어진다.
8. ¿Cómo ( ) el café americano? 아메리카노는 어떻게 만듭니까?
9. ( ) actores. 배우를 찾습니다.
10. ( ) exámenes cada semana en esta escuela. 이 학교에서는 매 주 시험을 친다.

B. 다음 문장을 작문하시오.

1. 문서는 이미 제출되었다.
2. 방은 정리되어 있다.
3. 손수건은 서랍에 보관되어 있다.
4. 밤 9시 이후 방문은 허용되어 있지 않다.
5. 여행 계획은 이미 마련되어 있다.

중남미 주요 관광지

Teotihuacán

멕시코 시티 근교에 위치한 거대 피라미드 단지이다. 정확히 누가 언제 지었는지 알려지지 않는다. 태양의 피라미드와 달의 피라미드가 주요 방문지이다.

태양의 피라미드

달의 피라미드

달의 피라미드에서 본 전경

Islas Galápagos

갈라파고스는 여러 개의 화산섬으로 이루어진 제도로 에콰도르의 영토이다. 찰스 다윈이 진화론을 조사한 곳으로도 유명하다.

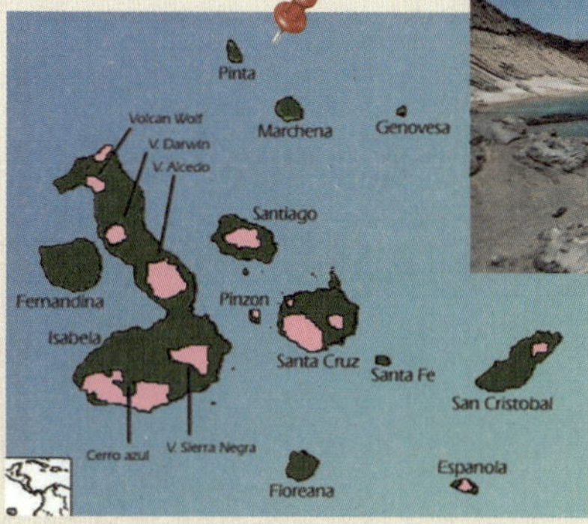

Machu Picchu

페루에서 가장 유명한 유적지로 잉카 문명의 요새 도시이다. 해발 2430m에 위치한 산맥의 정상에 자리한다. 세계 7대 불가사의로 선정된 바 있다.

이밖에도 볼리비아의 우유니 사막, 아르헨티나의 빙하, 브라질과 아르헨티나의 이과수 폭포 등이 인기 있는 관광지이다.

Lección 16

Por fin estoy en Madrid.

* 의사소통 : 친구와 전화로 약속잡기
* 문법 요소 : 관계대명사
  부사

DIÁLOGO.

Policía: ¿Me pasa su pasaporte?

Hemi: Aquí lo tiene.

Policía: Puede pasar.

(...)

Hemi: Hola. ¿Puedo hablar con Cristina?

Pedro: ¿De parte de quién?

Hemi: Soy Hemi, amiga de Cristina

Pedro: Vale. Ahora se pone.

Cristina: Hola. Hemi. ¡Qué alegría! ¿Estás en Madrid?

Hemi: Sí. Acabo de llegar al aeropuerto de Barajas.

Cristina: Bienvenida a España. ¿Por cuánto tiempo te vas a quedar aquí?

Hemi: Aproximadamente un mes.

Cristina: Estupendo.

Hemi: Una pregunta. Tengo una reserva del hotel en el centro. ¿Cómo es el transporte del aeropuerto al centro?

Cristina: Bueno, si tienes varias maletas, es mejor tomar un taxi. Hay tarifa única. Si no, puedes tomar el metro que te lleva al centro.

Hemi: Vale. Voy a tomar un taxi.

Cristina: ¿Dónde está tu hotel?

Hemi: Está en la Gran Vía.

Cristina: Muy bien. Pues nos vemos esta noche para tomar algo.

Hemi: Genial. ¿A qué hora quedamos?

Cristina: ¿Te viene bien a las nueve y media?

Hemi: ¿Tan tarde?

Cristina: Mira. Aquí es normal cenar o tomar algo a esa hora.

Hemi: De acuerdo. ¿Dónde quedamos?

Cristina: Bueno, voy a pasar a tu hotel y nos vemos en el lobby.

Hemi: Vale, gracias. Hasta luego.

Cristina: Por cierto, ¿qué quieres comer?

Hemi: Me da igual.

Cristina: Pues te llevo a un bar que es muy moderno.
Hasta ahora.

Vocabulario

Aeropuerto 공항
Moderno 현대식의
Transporte 교통
Centro 시내 중심
Pasaporte 여권
Único 유일한
Igual 같은
Reseva 예약
Maleta 가방
Tarifa 요금

GRAMÁTICA

◆ 관계대명사

스페인어 관계대명사는 대표적으로 que와 quien이 사용된다. 이 외에도 문장 전체를 받는 lo que 혹은 lo cual 용법도 자주 사용한다.

que는 선행사 자리에 사람과 사물이 다 올 수 있으며 성·수 변화는 하지 않는다.

El libro que tengo es muy interesante. 내가 가지고 있는 책은 매우 흥미롭다.

Juan tiene una hermana que es bonita. 후안은 예쁜 여동생/누나 한 명이 있다.

문장의 내용에 따라서 전치사와 함께 쓰이기도 한다.

El piso en que vivimos está muy cerca de mi universidad. 우리가 사는 아파트는 대학교에서 매우 가깝다.

관계대명사의 용법에는 제한적 용법과 계속적 용법이 있는데 선행사와 관계대명사 사이에 콤마(coma)여부를 확인하면 된다. 선행사를 구체화하고 한정하는 용법이 제한적 용법이고 계속적 용법은 선행사를 언급하며 설명하는 용법이다.

La chica que vive aquí es mi compañera de clase. 여기 사는 여자 애는 우리 반 친구이다.

La chica, que vive aquí es mi compañera de clase. 그 여자 애는 여기 사는데 우리 반 친구이다.

que는 lo와 합쳐서 앞의 문장 전체를 받는 경우가 있다.

Juan llega siempre tarde a la reunión, lo que me molesta mucho. 후안은 회의에 늘 늦는다. 그 사실은 나를 매우 짜증나게 한다.

¡OJO! lo cual 용법은 lo que 용법과 비슷하다고 볼 수 있다.

관계대명사 quien은 선행사가 사람인 경우 대부분 설명적 용법의 주격의 선행사와 함께 쓰인다.

Mi amigo, quien es de Paraguay, es muy amable. 내 친구는 파라과이 출신인데 매우 친절하다.

Conozco a varios españoles, quienes tienen mucho interés en la cultura coreana.
나는 여러 스페인 사람을 아는데 그들은 한국 문화에 관심이 많다.

que와 마찬가지로 전치사와 함께 사용할 수 있다.

El hombre con quien habla Juan es mi profesor. 후안이 이야기 나누고 있는 남자는 우리 교수님이다.

◆ 부사

부사는 동사나 형용사 그리고 다른 부사를 수식한다.

Juan come mucho. 후안은 많이 먹는다.

Carmen habla español perfectamente. 카르멘은 스페인어를 완벽하게 한다.

Miguel es muy simpático. 미겔은 매우 착하다.

Ella habla muy despacio. 그녀는 말을 매우 느리게 한다.

¡OJO! 일부 형용사의 경우 부사화되는 경우가 있다.

Mi profesor habla claro. 우리 교수님은 말을 명확하게 하신다.

Juan duerme tranquilo. 후안은 조용히 잔다.

스페인어 부사는 형용사에서 파생되는데 일반적으로 -mente형 부사가 대부분이다. 모음 -o로 끝나는 단어의 경우 -a로 바꾼후 -mente형을 추가한다. -o로 끝나지 않은 형용사의 경우에는 그냥 -mente만 추가하면 된다.

tranquilo	tranquilamente
sincero	sinceramente
claro	claramente
feliz	felizmente

두 개 이상의 -mente형 부사가 연결되는 경우에는 앞에 있는 부사는 -mente를 생략한다. 이 경우 모음 -o로 끝나는 경우에는 -a로 바꾸어준다.

Polítca y económicamente (*políticamente y económicamente)

-mente형 부사는 보통 'con + 명사'로 대체할 수 있다.

claramente	con claridad
tranquilamente	con tranquilidad

EXPRESIONES

◆ Acabo de llegar al aeropueto de Barajas.

'acabar de + 동사원형' 구문은 '방금 막 ~ 하다'는 표현이다.

◆ ¿Te viene bien a las nueve y media?

venir 동사는 'bien' 또는 'mal'과 함께 쓰여서 '어울리다', '적합하다', '어울리지 않다', '적합하지 않다'는 뜻을 가진다. 9시 반에 만나도 괜찮은지 여부를 묻고 있다.

◆ Me da igual.

직역하면 '나에게는 똑같다'로 '상관없다'는 표현이다. 본문의 대화에서는 아무거나 먹어도 괜찮다는 의미로 사용되었다.

EJERCICIO

A. 다음 단어를 문맥에 맞게 고치시오.

1. Mi profesor nos explica (claro). . . . . la lección.
2. El mundo está (económico). . . . . en crisis.
3. Vamos a buscar alguna solución (tranquilo). . . . . ,. . . . . .
4. (Sincero). . . . . no me gusta esta película.
5. Puede buscar el restaurante (fácil). . . . .

B. 다음 괄호 안에 적절한 관계대명사를 넣으시오.

1. Voy a leer un libro (   ) es interesante.
2. Tengo un amigo (   ) es de Argentina.
3. Conozco un restaurante (   ) se come muy bien.
4. Ella es la novia de Juan (   ) sale últimamente.
5. Siempre dice la tontería (   ) no me gusta nada.

마드리드 명소

Plaza Mayor

Puerta del Sol

Lección 17

¿Qué comió en el restaurante?

* 의사소통 : 과거에 대한 설명, 의견이나 평가하기
* 문법 요소 : 부정과거

DIÁLOGO

Eva: ¿Qué tal fue la cena de anoche?

Pedro: ¡Qué rica!

Eva: Ya sabes que es un restaurante muy famoso.

Pedro: Ya lo sé. Mis amigos, todos estaban contentos.

Eva: Me alegro.

Pedro: La próxima vez vamos juntos.

Eva: De acuerdo. Por cierto, ¿que tal fue el menú?

Pedro: Pedimos cuatro platos para compartir. Una ensalada mixta, una paella, un cocido madrileño y gambas fritas.

Eva: Una selección genial.

Pedro: Todos los platos súper ricos.

Eva: El cocido madrileño es mi plato favorito. ¿Cuál es el tuyo?

Pedro: La paella. Bueno, bebimos la sangría y me gustó muchísimo.

Eva: ¿Qué dicen tus amigos?

Pedro: Dicen que el restaurante tiene un ambiente muy bueno y la calidad de los platos se nota.

Eva: ¿Sabes cómo se hace la sangría?

Pedro: No lo sé. Pero dicen que no todas las sangrías son iguales, ni todas tienen el mismo sabor.

Eva:	Tienes razón. Es muy fácil. Te lo voy a explicar. Si quieres hacer la mejor sangría, el vino debe ser de buena calidad. También las frutas han de ser naturales. Aunque puedes preparar una sangría con cualquier vino y zumo de bote, el resultado es totalmente diferente.
Pedro:	¿Es tu receta personal?
Eva:	No. Es algo clásico. El zumo de naranja y de otros cítricos debe ser casero. Debes echar trozos de esas frutas naturales en la mezcla. No sé si me explico.
Pedro:	Por supuesto. Gracias por tu explicación.
Eva:	De nada.

Vocabulario

Calidad 품질	Cítrico 레몬류	Clásico 고전적인	Compartir 공유하다
Cualquier 어떤 것이라도	Explicación 설명	Explicar 설명하다	Mezcla 혼합
Naranja 오렌지	Natural 천연의	Personal 개인적인	Receta 요리법, 레시피
Resultado 결과	Sabor 맛	Trozo 조각	Zumo 쥬스

GRAMÁTICA

◆ 스페인어 과거시제는 과거의 시점에서 동작이 완료되었는지 여부에 따라서 두개로 나누어진다. 부정과거(pretérito indefinido)와 불완료과거(pretérito imperfecto)로 구분된다. 본 장에서는 과거의 동작이 완료된 시점인 부정과거를 살펴보기로 한다.
(부정과거는 단순과거라는 명칭으로도 사용된다)

-AR 동사 규칙 변화: AMAR

	단수	복수
1인칭	Amé	Amamos
2인칭	Amaste	Amasteis
3인칭	Amó	Amaron

-ER 동사 규칙 변화: BEBER

	단수	복수
1인칭	Bebí	Bebimos
2인칭	Bebiste	Bebisteis
3인칭	Bebió	Bebieron

-IR 동사 규칙 변화: VIVIR

	단수	복수
1인칭	Viví	Vivimos
2인칭	Viviste	Vivisteis
3인칭	Vivió	Vivieron

부정과거 시제에도 불규칙 동사가 존재한다. 첫번째로 철자가 변화는 형태이다.

-gar로 끝나는 동사는 다음과 같이 변한다.

llegar → llegué　　　pagar → pagué

-car로 끝나는 동사는 다음과 같이 변한다.

explicar → expliqué　　　practicar → practiqué

-zar로 끝나는 동사는 다음과 같이 변한다

empezar → empecé　　　comenzar → comencé

위의 세가지 형태 모두 어간의 마지막 자음의 음가를 지키기 위해서 1인칭 단수에서만 자음이 바뀌게 된다.

부정과거는 동작이 어는 한 순간에 끝난 것을 가리킬 때 시용한다.

¿Dónde compraste estos zapatos? 이 구두 어디서 샀니?

Los compré en una tienda. 한 상점에서 샀어.

¿A dónde fuisteis anoche? 너희들 어제 밤에 어디 갔었니?

Fuimos a la fiesta de cumpleaños de Eva. 에바 생일파타에 갔었어.

다음은 중요한 불규칙 동사들이다.

	estar	dormir	hacer	ir/ser
Yo	estuve	dormí	hice	fui
Tú	estuviste	dormiste	hiciste	fuiste
Él/ella/usted	estuvo	durmió	hizo	fue
Nosotro(a)s	estuvimos	dormimos	hicimos	fuimos
Vosotr(a)s	estuvisteis	dormisteis	hicisteis	fuisteis
ello(a)s/ustedes	estuvieron	durmieron	hicieron	fueron

	decir	tener	pedir	saber
Yo	dije	tuve	pedi	supe
Tú	dijiste	tuviste	pediste	supiste
Él/ella/usted	dijo	tuvo	pidió	supo
Nosotro(a)s	dijimos	tuvimos	pedimos	supimos
Vosotr(a)s	dijisteis	tuvisteis	pedisteis	supisteis
ello(a)s/ustedes	dijeron	tuvieron	pidieron	supieron

estar 동사처럼 변하는 동사는 다음과 같다: andar, poder, poner

hacer 동사처럼 변하는 동사는 다음과 같다: querer, venir, dar

EXPRESIONES

◆ Mis amigos, todos estaban contentos.

'estar contento'는 '만족해 하다'를 의미한다. contento는 주어의 성·수에 일치시킨다. 'estaban'은 불완료 과거 시제로 18과에서 자세히 다루기로 한다.

◆ Pero dicen que no todas las sangrías son iguales, ni todas tienen el mismo sabor.

뒷 절의 'todas'는 'todas las sangrías'를 의미한다. 앞 절에 한 번 나왔기 때문에 굳이 같은 말을 반복하지 않는 것이다. 이때 생략된 명사의 성·수 정보는 그대로 남기 때문에 무엇을 지칭하는지 쉽게 파악할 수 있다.

EJERCICIO

다음 괄호 안에 있는 동사를 문맥에 맞게 고치시오.

1. Ayer (ir, yo)........................... al cine con mi novia.
2. ¿Cómo (tú, venir).......................... de Barcelona?
3. El año pasado (el padre de Álvaro, morir)..................................
4. Cristobal Colón (descubrir)............................... Améрca Latina en el año 1492.
5. La guerra civil española (empezar).......................... en el año 1936.
6. ¿A dónde (ir, tú).......................... ayer?
7. El domingo pasado (ir, nosotros)................................ a la casa de Pedro.
8. El año 2020 (ser)............................ muy duro para nosotros.
9. Ayer (tener, Juan)..................... que ir al hospital porque (tener, Juan) .... un accidente.
10. ¿A qué hora (levantarse, tú) .... ayer?

Algunas comidas españolas

Sangría

Cocido madrileño

Lección 18

Cuando era pequeña, vivía en España.

* 의사소통 : 과거 회상하기

* 문법 요소 : 불완료 과거

DIÁLOGO

Carmen: Hola, José. Te veo muy cansado.

José: Es que no dormí nada anoche.

Carmen: ¿Por qué?

José: Tenía fiebre y estaba enfermo.

Carmen: ¿Fuiste al médico?

José: Sí.

Carmen: ¿Qué te dijo el médico?

José: Me dijo que tenía gripe.

Carmen: Pues debes descansar.

José: Eso sí. Pero tengo mucho trabajo últimamente.

Carmen: Cuando era joven, tenía mucho trabajo como tú.

José: ¿Cómo superaste el estrés?

Carmen: A veces iba al campo los domingos para relajarme.

José: Es una buena idea. Yo mismo voy a intentarlo.

Carmen: Te vas a mejorar, de eso estoy segurísima.

José: Cuando era estudiante, salía con mis amigos para tomar algo pero en estos días no estoy tan libre para eso.

Carmen: Hay que saber disfrutar de la vida.

José: Estoy de acuerdo.

Carmen: ¿Qué te parece si tomamos una copa la semana que viene?

José: Me viene bien el próximo sábado.

Carmen: Genial. Nos vemos el sábado que viene.

VOCABULARIO

Disfrutar 즐기다	Estrés 스트레스	Intenar 시도하다	Mejorar 좋아지다
Relajarse 긴장을 풀다	Superar 극복하다	Vida 인생	

GRAMÁTICA

◆ 불완료 과거시제

동사 변화는 다음과 같다.

-AR 동사 규칙 변화: AMAR

	단수	복수
1인칭	Amaba	Amábamos
2인칭	Amabas	Amabais
3인칭	Amaba	Amaban

-ER 동사 규칙 변화: BEBER

	단수	복수
1인칭	Bebía	Bebíamos
2인칭	Bebías	Bebíais
3인칭	Bebía	Bebían

-IR 동사 규칙 변화: VIVIR

	단수	복수
1인칭	Vivía	Vivíamos
2인칭	Vivías	Vivíais
3인칭	Vivía	Vivían

불규칙 동사는 다음과 같다.

	ir	ser	ver
Yo	iba	era	veía
Tú	ibas	eras	veías
Él/ella/usted	iba	erais	veía
Nosotro(a)s	íbamos	éramos	veíamos
Vosotr(a)s	ibais	erais	veíais
Ello(a)s/ustedes	iban	eran	veían

불완료 과거시제는 부정과거와는 달리 과거에 지속되었던 동작이나 행위를 가리킬 때 사용한다.

Cuando llegué a casa, mi hermano veía la tele. 집에 도착했을 때 내 형/동생은 TV를 보고 있었다.

과거의 시간이나 나이를 말할 때 사용한다.

Eran las cuatro y diez de la madrugada cuando llegaron ellos. 그들이 도착했을 때는 새벽 4시 10분이었다.

Tenía 18 años cuando entré en la universidad. 대학교에 입학했을 때 내 나이 18살이었다.

현재와 대비되는 경우에 사용한다.

Antes tenía el pelo corto pero ahora lo llevo muy largo. 예전엔 머리가 짧았는데 지금은 길다

Antes fumaba mucho pero ahora no fumo por mi salud. 예전엔 담배를 많이 피웠는데 지금은 건강 문제로 금연한다.

과거에 반복되거나 일상적이었던 상황을 설명한다.

Me levantaba a las seis de la mañana cuando era pequeño. 어릴 때는 아침 6시에 일어났다.

Los sábados jugábamos al futbol con mis amigos. 토요일에는 친구들과 축구를 했다.

EXPRESIONES

◆ A veces iba al campo los domingos para relajarme.

'a veces'는 '가끔', '때때로'를 의미하는 빈도부사이다.

◆ Cuando era estudiante, salía con mis amigos para tomar algo pero en estos días no estoy tan libre para eso.

'salir con alguien' 표현은 '(누구와) 외출하다', 남녀 사이에는 '데이트하다'는 의미를 갖는다. 'en estos días'는 '요즈음'을 뜻하는데 en 없이 'estos días' 로도 사용한다.

EJERCICIO

A. 다음 괄호 안의 동사를 문맥에 맞게 고치시오.

1. Todos los días mi hermano (llegar)......................... al colegio.
2. Cuando yo (ser)..................... niño, vivía en el campo.
3. Cuando llegué a la estación, mi amigo (esperar)................. durante casi una hora.
4. Antes (beber)..................... mucho pero ahora no bebo.
5. (salir, yo)......................... con mis amigos para tomar algo cada fin de semana.
6. Cuando me casé con Carmen, (tener)................... solo 24 años.
7. Antes mi novia me (llamar)........................ todos los días.
8. Mi hermano (leer).................. la revista en su habitación, cuando yo llegué a casa.
9. No me acuerdo de nuestra conversación. ¿Por dónde (ir, nosotros) ....
10. Cuando (ser).................. pequeña, (creer)............. que Dios (existir) ....

B. 다음 자료를 읽고 과거시제를 찾아보시오.

TEMPORAL FILOMENA

La nieve cubre la sede institucional de la Real Academia Española

11 de enero de 2021

Hacía **más de 50 años** que no se alcanzaban los 30 centímetros de nieve acumulada en la capital de España y **Filomena** ha superado ese récord con creces. Madrid amanecía el pasado sábado 9 de enero con más de 50 cm en algunos puntos de la ciudad, dejando una estampa invernal atípica más propia de países del norte de Europa.

Durante el fin de semana, multitud de madrileños han podido disfrutar de la nieve, especialmente el domingo, cuando por fin salió el sol. A pesar de las muchas dificultades que ha supuesto el temporal, sobre todo las complicaciones para el transporte y las comunicaciones, Madrid nos ha dejado imágenes para la historia, entre ellas las de la **sede de la Real Academia Española cubierta de nieve.**

Lección 19

¿Habéis estado en Barcelona?

* 의사소통 : 경험이나 가까운 과거 표현하기
* 문법 요소 : 현재완료

DIÁLOGO

José:	Hola, Cristina. ¿Has estado en Barcelona?
Cristina:	Todavía no.
José:	Tienes que visitar esta ciudad.
Cristina:	¿Conoces Barcelona?
José:	Claro que sí. Es una ciudad maravillosa. ¿Sabes que ahí está la Sagrada Familia, una iglesia famosa?
Cristina:	Ya lo sé. Es una obra maestra de Gaudí.
José:	Cuando voy a Barcelona, siempre visito la Sagrada Familia.
Cristina:	¿Cuándo fue la última vez?
José:	El verano pasado. Fuimos de excursión con mis amigos.
Cristina:	Estupendo.
José:	Barcelona es una ciudad metropolitana y artística. También hay museos de Picasso y de Dalí.
Cristina:	Me gusta mucho la pintura. A veces voy al Museo del Prado. Vivo muy cerca del museo.
José:	¡Qué bien! Tienes suerte de poder visitarlo.
Cristina:	Efectivamente.
José:	Cuando era niño, mis padres me llevaban al museo todos los domingos.

Cristina: ¿En serio?

José: Sí. A veces no quería ir al museo pero tenía que salir con mis padres.

Cristina: Bueno, me imagino que has visto muchas obras de arte y esculturas.

José: Por supuesto. Lo que más me gusta es Goya.

Cristina: ¿Por qué?

José: ¿Cómo puedo explicarte? Sus obras dan una impresión de algo muy popular.

Cristina: Bueno, si voy al museo, voy a fijarme en eso.

VOCABULARIO

Fijarse 집중하다　Maravilloso 대단한　Metropolitano 대도시의　Obra 작품
Pintura 그림

GRAMÁTICA

◆ 현재완료

현재완료는 동작의 완료나 경험을 표시하거나 경험이나 결과를 나타내며 최근에는 가까운 과거를 표현할 때 부정과거와 함께 쓰이는 경향이 있다.

El tren ha llegado a la estación. 기차가 역에 도착했다.

He probado la paella. 나는 파에야 먹어봤다.

He escrito una carta a mi novia. 나는 여자친구에게 편지 한 장을 썼다.

Ha nevado mucho en Madrid. 마드리드에 눈이 많이 왔다.

Nunca he viajado a Paraguay. 나는 파라과이를 여행해보지 않았다.

¿Has comido? 너 밥 먹었니?

Ya he terminado. 난 이미 (일 등) 마쳤다.

¿Has visto a Carmen? 너 카르멘 봤니?

Sí, la he visto. Ha vuelto de viaje. 응, 봤어. 그녀가 여행에서 돌아왔지.

EXPRESIONES

◆ ¿Has estado en Barcelona?

바르셀로나에 있어 본 적 있는지, 가 봤는지 경험을 물어보는 표현이다.

◆ Fuimos de excursión con mis amigos.

'fuimos de excursión'은 'ir de ~' 표현으로 '여행을 갔다'는 뜻이다.

EJERCICIO

A. 다음 괄호 안의 동사를 올바르게 고치시오.

1. El partido (haber, terminar).. ya.
2. (Yo, haber, comprar)............................ este libro.
3. Nunca yo (haber, viajar)...................... a Buenos Aires.
4. Este invierno (haber, nevar) .... mucho.
5. Yo (haber, vivir)........................ cinco años en Madrid.
6. El tren ya (haber, salir)...................................
7. Estos días yo (haber, estar)............................ de vacaciones.
8. Esta mañana Carlos no (haber, venir)................... a clase.
9. Juan no (haber, volver)........................... del viaje todavía.
10. Carmen (haber, abrir)........................... la ventana porque tenía mucho calor.

Arte español

Salvador Dalí

Picasso <Guernica>

Sagrada Familia

MEMO

Lección 20

¿Dígame?

* 의사소통 : 여행사 전화 예약
* 문법 요소 : 명령문

DIÁLOGO

(En una agencia de viaje)

Dependiente: ¿Dígame?

Estela: Quiero hacer la reseva de un billete para Bogotá.

Dependiente: ¿Para cuándo?

Estela: Para la Semana Santa.

Dependiente: Espere un momento.

Estela: Vale.

Dependiente: Bueno, estoy mirando esas fechas pero ya está completo.

Estela: ¡No puede ser!

Dependiente: Es normal. Siendo la temporada alta, hay que reservar con bastante antelación.

Estela: ¿Tiene alguna sugerencia?

Dependiente: Voy a ver. Un segundo.

Estela: De acuerdo.

Dependiente: Por lo visto, hay asientos para Medellín.

Estela: Pues, hágame la reserva ya.

Dependiente: De acuerdo. ¿Para cuántas personas?

Estela: Para dos.

Dependiente: ¿Qué clase de asiento quieren?

Estela: Clase turista, por favor.

Dependiente: Vale. Ahora mismo hago la reserva. Tiene que

pagar el gasto de gestión. Son 50 euros.

Estela: De acuerdo. ¿Tiene información sobre hoteles?

Dependiente: Por supuesto. ¿Qué tipo de hotel prefiere?

Estela: Bueno, algo económico.

Dependiente: Un momento, por favor. (...) Tiene un hotel de tres estrellas que está en el centro y además ofrece una tarifa muy buena.

Estela: ¿Cuánto cuesta por noche?

Dependiente: 60 euros, una habitación doble con desayuno.

Estela: Muy bien.

Dependiente: Deme su correo y teléfono, por favor.

Estela: Mi correo es estela@google.com y el teléfono es 639 123 456.

Dependiente: Le envío toda la información a su correo.

Estela: Gracias.

Dependiente: Si tiene alguna duda, llámeme. Mi nombre es Antonio.

Estela: De acuerdo.

Dependiente: Buen viaje.

Estela: Gracias.

VOCABULARIO

Viaje 여행　Dependiente 점원　Duda 의문점　Enviar 보내다

GRAMÁTICA

◆ 명령문

-AR 동사 규칙 변화: AMAR

	단수	복수
1인칭		Amemos
2인칭	Ama	Amad
3인칭	Ame	Amen

-ER 동사 규칙 변화: BEBER

	단수	복수
1인칭		Bebamos
2인칭	Bebe	Bebed
3인칭	Beba	Beban

-IR 동사 규칙 변화: VIVIR

	단수	복수
1인칭		Vivamos
2인칭	Vive	Vivid
3인칭	Viva	Vivan

다음은 중요한 불규칙 동사들이다.

	hacer	poner	tener	decir	venir	salir
Tú	haz	pon	ten	di	ven	sal
Usted	haga	ponga	tenga	diga	venga	salga
Vosotros	haced	poned	tened	decid	venid	salid
Ustedes	hagan	pongan	tengan	digan	vengan	salgan

명령문은 긍정명령문(Imperativo afirmativo)과 부정명령문으로 구분되는데 문장의 구조가 바뀌는 것을 볼 수 있다. 긍정명령문의 경우에는 대명사가 동사 뒤에 붙는 경우가 많다.

Dime la verdad. 내게 진실을 말해줘

Estoy ahora en la reunión y llámame esta tarde. 나 지금 회의중이니 오늘 오후에 전화줘.

대명사는 동사원형이나 현재분사 뒤에도 올 수 있다. 그러나 부정문의 경우에는 다르다.

Dígamelo. 제게 그것을 말해주세요.

No me lo diga. 제게 그것을 말하지 말아주세요.

EXPRESIONES

◆ Siendo la temporada alta, hay que reservar con bastante antelación.

'temporada alta'는 성수기를 의미한다. 비성수기는 'temporada baja'라고 한다. 'con antelación'은 '미리'를 의미한다.

◆ Por lo visto, hay asientos para Medellín.

'por lo visto'는 '보아하니', '보기에는'라는 뜻이다.

◆ ¿Cuánto cuesta por noche?

'por noche'는 '1박에'를 의미한다.

EJERCICIO

다음 괄호 안의 동사를 문맥에 맞게 고치시오.

1. (perdonar)............................, ¿puede indicarme cómo llegar hasta la estación del metro?
2. Pedro, (irse)..............., ya estoy cansado de tus tonterías.
3. (prestarme, tú)........................... el diccionario, por favor.
4. (darse, tú.)............... prisa, si no, vas a perder el tren.
5. (dejarme, tú)............................ en paz, quiero estar solo.
6. Para llegar a tiempo al aeropuerto, (salir)................. de tu casa una hora antes.
7. (tomarse)........................ esta medicina, te vas a sentir mejor.
8. (limpiar) ....tu habitación, que está muy sucia.
9. (bajar, tú)............................. el volumen de la tele, por favor.
10. (respirar, tú).......................... profundo.
11. (tener, usted).......................... paciencia, tiene que esperar.
12. (callarse, tú).........................., el bebé está durmiendo.
13. (decirme, usted).................................. la verdad, por favor.
14. (llamarme, usted)......................... a mi despacho sobre las tres.
15. (avisarme, tú)......................... cuando estás libre.

Soluciones

Lección 2

1. es 2. es
3. está 4. son
5. estoy 6. Eres
7. somos 8. está
9. es 10. somos

Lección 3

1. vivo 2. estudia
3. comen 4. escribe
5. bebe 6. aprendemos
7. habla 8. somos
9. se llama 10. canta

Lección 4

A.
1. hace 2. haces
3. hace 4. hacen
5. Hace 6. Hace

B.
1. dónde 2. Cuándo
3. Dónde 4. Qué

Lección 5

A.
1. sé 2. sabe
3. sabemos 4. Sabes
5. saben

B.
1. van 2. vas
3. voy 4. vamos
5. va

Lección 6

A.
1. Tengo 2. tiene
3. tiene 4. tiene
5. tengo

B.
1. conozco 2. sabemos
3. Sabes 4. conocemos
5. saben

Lección 7

A.
1. La tenemos.
2. Mis padres le conocen.
3. Lo hablo.
4. El quiere enviarla.
5. Ella lo compra.
6. María me la pasa.
7. Necesitas limpiarla.
8. La visito.
9. Ellos van a llamarles.
10. Mi hermano se la dice.

B.
1. sexto 2. tercera
3. primeros

C.
6-2-1-4-3-5

Lección 8

A.
1. Hace 2. Creo
3. Creo 4. Hace
5. Hace

B.
1. Son las diez y veinte.
2. Son las nueve y media.
3. Son las once y cuarto.
4. Son las dos y veinticino. / Son las catorces horas y veinticinco.

5. Son las siete y diez.
6. Son las nueve menos cuarto.
7. Son las diez menos diez.
8. Son las veinticuatro horas.
9. Es la una y media.
10. Son las cuatro y cuarto.

Lección 9

A.

1. gusta	2. gusta
3. gusta	4. gusta
5. gustan	

B.

1. abriendo	2. preparando
3. pidiendo	4. leyendo
5. diciendo	6. durmiendo

Lección 10

A.

1. En Corea hace mucho calor en verano.
2. Hace fresco hoy.
3. Hoy llueve.
4. Mañana va a nevar.
5. Llueve mucho en verano.
6. Hoy es lunes.
7. No hay clase el sábado.
8. Voy a la iglesia todos los domingos.
9. Mi cumpleaños es el 15 de agosto.
10. El 2020 es un año difícil por el coronavirus.

Lección 11

A.

1. que	2. grande
3. de	4. tantos
5. como	

B.

1. mejor	2. alto
3. bien	4. fresca
5. malísimo	6. mayor
7. joven	8. grande
9. pequeña	10. popular

C.

1. Somos más fuertes que vosotros/vosotras.
2. Él llega más rápido que yo.
3. No tengo tanto tiempo como tú.
4. Ella trabaja tan rápido como yo.
5. Hallasan es la montaña más alta de Corea del Sur.

Lección 12

A.

1. buscar	2. queda
3. llevo	4. encontrar
5. probarse	6. queda
7. busca	8. encontrar
9. llevo	10. probaros

B.

1. puedo	2. encuentro
3. quiere	4. Busco
5. es	6. Puede
7. probarme	8. gustan
9. Me llevo	10. quedan

Lección 13

A.

1. duele	2. duelen
3. duele	4. lo necesario
5. esencial	6. bello / bonito / hermoso
7. ni	8. ni
9. debo ir	10. debemos contestar

B.

1. No me duele el estómago ni la cabeza.
2. Le gusta más lo difícil que lo fácil.
3. No debes correr.

Lección 14

A.

1. Se come　2. Se habla
3. se escribe　4. Se puede fumar
5. se come

B.

1. están agotadas　2. está rota
3. está casado　4. está preocupada
5. está construida

Lección 15

A.

1. Se venden　2. Se ponen
3. Se preparan / Se hacen
4. Se compran　5. Se necesitan
6. Se arreglan　7. Se cortan
8. se prepara / se hace
9. Se buscan　10. Se hacen

B.

1. El documento ya está entregado.
2. La habitación está arreglada/ordenada.
3. El pañuelo está guardado en el cajón.
4. Está prohibida la visita a partir de las 9 de la noche.
5. El plan de viaje ya está hecho/diseñado/preparado.

Lección 16

A.

1. claramente　2. económicamente
3. tranquilamente o tranquilo
4. Sinceramente　5. fácilmente

B.

1. que　2. que
3. en que　4. con quien
5. que / lo que

Lección 17

1. fui　2. viniste
3. murió　4. descubrió
5. empezó　6. fuiste
7. fuimos　8. fue
9. tuvo, tuvo　10. te levantaste

Lección 18

1. llegaba　2. era
3. esperaba　4. bebía
5. Salía　6. tenía
7. llamaba　8. leía
9. íbamos　10. era, creía, existía

Lección 19

1. ha terminado　2. He comprado
3. he viajado　4. ha nevado
5. he vivido　6. ha salido
7. he estado　8. ha venido
9. ha vuelto　10. ha abierto

Lección 20

1. Perdone　2. vete
3. Préstame　4. Date
5. Déjame　6. sal
7. Tómate　8. Limpia
9. Baja　10. Respira
11. Tenga　12. Cállate
13. Dígame　14. Llámeme
15. Avísame

부록 I

주요동사 용례집

스페인어는 동사가 매우 중요한 요소라고 볼 수 있다. 이 파트에서는 빈도수와 중요성을 고려해서 본 교재에 사용된 동사들의 용법이나 숙어표현을 초보자들이 작문에 활용할 수 있게 부록으로 만들었다. 예문은 VOX에서 출판된 DICCIONARIO PARA LA ENSEÑANZA DE LA LENGUA ESPAÑOLA 사전과 스페인어 문형대역사전을 참조하였다. 초보자용 교재임을 감안하여 접속법은 다루지 않았음을 밝힌다.

Abrir

Abrí la puerta de la habitación. 방 문을 열었다.

El banco abre a las nueve de la mañana. 은행은 아침 9시에 문을 연다.

Abre la ventana. Tengo mucho calor. 창문 좀 열어. 나 너무 더워.

Acabar

Acabo de llegar a Madrid.. 마드리드에 방금 막 도착했어.

Acaba la tarea hoy. 오늘 그 숙제를 끝내라.

El curso acaba en junio. 강좌는 6월에 끝난다.

Acompañar

Les acompañan sus padres. 그들의 부모님이 동행하신다.

Cuando salía de la escuela, acompañaba a mi madre al mercado. 학교를 마치면 엄마와 함께 시장에 가곤 했어.

Este plato se acompaña con vino blanco. 이 음식은 화이트 와인을 곁들인다.

Adaptarse

Me adapto rápido a una nueva ciudad. 난 새로운 도시에 적응을 금방 해.

Te digo cómo adaptarte a los cambios. 변화에 적응하는 방법을 말해줄게.

No pudimos adaptarnos a este lugar. 우리는 이 곳에 적응을 못했어.

Alquilar

Voy a alquilar una habitación para el próximo año. 나는 내년에 방 하나를 임차하려고 한다.

Puedes alquilar un coche durante tu estancia en España. 네가 스페인에 있는 동안 차 한 대를 렌트할 수 있어.

Joaquín alquiló el piso por 1.000 euros al mes. 호아킨은 한 달에 천 유로에 아파트를 임차했다.

Amar

Pedro ama a Marta. 페드로는 마르타를 사랑해.

Debemos amar a nuestros vecinos. 우리 이웃을 사랑해야 해.

Yo amo la música clásica. 난 클래식 음악을 좋아해.

Andar

Me gusta andar por la calle. 난 길거리 걷는 걸 좋아해.

Dime con quién andas y te diré quién eres. 친구를 보면 그 사람이 어떤 지 판단할 수 있다.

El coche no anda. 차가 고장났다.

Apetecer

No me apetece nada. 아무것도 먹고 싶지 않아.

¿Te apetece tomar postre? 후식 먹을래?

Me apetecía mucho la pizza . 피자가 너무 먹고 싶었어.

Aprender

Aprendo mucho trabajando en la empresa. 회사에서 일하면서 많이 배워.

Ella quería aprender a tocar el piano. 그녀는 피아노 치는 것을 배우고 싶어 했어.

Aprende cómo preparar esta sopa. 이 수프 만드는 방법을 배워라.

Aprovechar

Aprovechamos el tiempo que nos sobraba. 우리는 남은 시간을 활용했다.

Quiero aprovechar la oportunidad para agradecerle. 이 기회를 빌어 당신에게 감사를 표합니다.

Puedes aprovechar este espacio para poner tu escritorio. 네 책상을 놓을 장소로 여기를 쓸 수 있겠어.

Arreglar

Tienes que arreglar tu bicicleta. 너 자전거 수리해야 해.

Ella se arregló para salir. 그녀는 외출하기 위해 치장했다.

Ya está arreglado el reloj. 시계는 이미 수리되었다.

Avisar

Avísame si no puedes hacerlo. 그거 못 하면 나한테 알려줘.

Les avisé que no podía asistir a la reunión. 회의에 못 간다고 그들에게 알렸어.

Debemos avisarlo al profesor. 그거 교수님께 알려드려야 해

Ayudar

Me gusta ayudar a la gente. 사람들 돕는 것을 좋아한다.

Ayúdame. No sé cómo hacer esto. 나 좀 도와줘. 이거 어떻게 하는 지 몰라.

Julio me ayudó a comprender la teoría. 훌리오가 그 이론을 이해하도록 도와줬어.

Bailar

Vamos a bailar todos. 우리 모두 춤 추자./우리 모두 춤을 출거야.

Martín me invitó a bailar. 마르틴이 내게 춤을 신청했어.

Las mujeres de ese tablao bailaban estupendamente. 그 타블라오(플라멩코 쇼를 하는 식당) 여자 댄서들은 춤을 매우 잘 췄어.

Bajar

Quiero bajar de peso. 나 살 좀 빼고 싶어.

Ella baja en la siguiente estación. 그녀는 다음 역에서 내린다.

¿Qué pasa si baja el tipo de cambio? 환율이 내려가면 어떻게 돼?

Beber

Anoche Pablo bebió alcohol demasiado. 파블로는 어제 밤에 술을 지나치게 마셨어.

Bebo dos litros de agua por día. 나는 매일 2리터의 물을 마셔.

En Corea se puede beber a partir de los 19 años. 한국에서는 19세부터 술을 마실 수 있어.

Buscar

Estoy buscando una nueva casa. 새 집을 찾고 있어.

He buscado a Pedro por todas partes. 여기저기에서 페드로를 찾아봤어.

Ven a buscarme a casa. 집으로 날 데리러 와줘.

Callarse

¿Por qué no te callas? 조용히 좀 해줄래?

¡Cállate! 조용히 좀 해!

El perro se calló durante unos segundos. 개는 몇 초간 조용히 했다.

Caminar

No me gusta correr, pero caminar sí. 난 뛰는 건 안 좋아하지만 걷는 건 좋아해.

Ayer caminamos un montón. 우리 어제 많이 걸었어.

Camino 5km todos los días para estar a dieta. 난 다이어트를 위해서 매일 5킬로를 걷는다.

Cantar

María suele cantar en sus tiempos libres. 마리아는 여가 시간에 노래하곤 한다.

Los pájaros cantaban bonito. 새들이 아름답게 지저귀었다.

José Carreras nació para cantar. 호세 카레라스는 노래하기 위해 태어났다.

Celebrar

En Corea se celebra el Año Nuevo lunar. 한국에서는 음력 설을 쉰다.

El año pasado celebramos nuestro quinto aniversario de matrimonio. 우리는 작년에 결혼 5주년을 기념했어.

Los Juegos Olímpicos se celebran cada cuatro años. 올림픽은 4년마다 열린다.

Cenar

Normalmente ceno sobre las siete de la noche. 난 보통 저녁 7시쯤에 식사를 해.

¿Podemos cenar juntos el viernes? 금요일에 같이 저녁 먹을 수 있을까?

No debes cenar tan tarde. 저녁을 그렇게 늦게 먹으면 안돼.

Comer

Estos días comemos fuera de casa todos los domingos. 요즘 우린 일요일마다 밖에서 식사를 한다.

Yo no como mariscos. 난 해물 안 먹어.

No es posible vivir sin comer. 먹지않고 살 수는 없다.

Compartir

Ella comparte el piso con dos personas. 그녀는 하우스 메이트 두 명과 아파트에 산다.

¿Quieres compartir conmigo el plato? 요리 나랑 같이 나눠 먹을래?

Comparto su opinión. 당신의 의견에 동의합니다.

Comprar

Mi esposo salió a comprar algo. 남편은 뭐 좀 사러 나갔어.

Quiero comprar unos muebles de buena calidad. 품질 좋은 가구를 좀 사고 싶어.

¿Has comprado todo esto? 이 걸 다 샀니?

Comprender

No comprendo cómo funciona esto. 이것이 어떻게 작동하는지 모르겠어.

Tenemos que comprender que podemos vivir feliz. 우리는 행복하게 살 수 있다는 걸 알아야 한다.

No comprendo lo que me dices. 네 말을 이해 못 하겠어.

Conducir

A mí me gusta conducir el coche. 난 운전을 좋아해.

¿Cuándo te sacaste el carné de conducir? 운전면허증을 언제 땄니?

¿Sabes conducir? 운전할 줄 아니?

Conocer

Él conoce a mi padre. 그는 우리 아버지를 알아.

En nuestra visita a Italia conocimos muchos lugares históricos. 이탈리아를 방문해서 역사적인 장소들을 많이 갔어.

Conozco bastante bien la literatura de esa época. 나는 그 시대 문학을 꽤 잘 안다.

Dar

Me da pena escuchar esa noticia. 그 소식을 들으니 고통스럽다.

Esta ventana da a la calle. 이 창문은 길을 향해 있다.

Le dieron un papel. 그들은 그에게 종이 한 장을 줬다.

Decir

Dijeron la verdad a la policía. 그들은 경찰에게 진실을 말했다.

Dice que está ocupada, y eso quiere decir que no piensa verme. 그녀가 바쁘다고 말하는데 그것을 나를 볼 생각이 없다는 것을 의미한다.

Esas cosas no se deben decir por decir. 그런 것들은 근거 없이 말하면 안 된다.

Dejar

Déjame, por favor. 제발 나를 나둬.

¿Me deja pasar, por favor? 좀 지나갈 수 있을까요?

El equipo va a dejar Madrid el jueves. 팀은 목요일에 마드리드를 떠난다.

Dormir

Duerme la siesta después de comer. 점심 식사 후 그는 낮잠을 잔다.

Mi abuelo duerme como un tronco. 나의 할아버지께서 깊이 주무신다.

Su charla nos durmió a todos. 그의 이야기는 우리 모두를 졸리게 했다.

Encontrar (cf. Buscar)

Pedro encontró la billetera que buscaba. 페드로는 찾고있던 지갑을 찾았다.

No encuentro solución a estos problemas. 이 문제 해결책을 찾지 못했다.

Por fin encontré la llave perdida. 나는 결국 잃어버린 열쇠를 찾았다.

Entender

Entiendo bien lo que dices. 네가 하는 말 난 잘 이해해.

No entiendo bien por qué te comportas así. 네가 왜 그렇게 처신하는지 잘 모르겠어.

Él entiende inglés y fránces. 그는 영어와 프랑스어를 이해한다.

Escribir

Escribe en español. 스페인어로 작성하시오.

Escrbió una carta a su madre. 그는 그의 어머니에게 편지 한 통을 작성했다.

Ella está escribiendo una novela. 그녀는 소설 하나를 쓰고 있다.

Escuchar

Escuchamos las noticias en la radio. 라디오에서 우리는 뉴스를 듣는다.

Escucha mis consejos, o te vas a arrepentir. 내 충고를 들어 그렇지 않으면 후회하게 될거야.

No has escuchado lo que te he dicho. 내가 한 말을 넌 듣지 않았어.

Estar

Ese hombre está muerto. 그 사람은 죽었다.

No le digas nada, que hoy está de mala leche. 그 사람한테 아무 말도 하지마 오늘 기분이 별로 안 좋은 상태야.

Él estuvo aquí toda la tarde. 그는 하루 종일 여기 있었다.

Estudiar

Hace tres meses que estudio español. 나 스페인어 공부한 지 3개월째야.

El profesor estudió de memoria todos los nombres de sus alumnos. 교수는 그의 학생들 이름을 모두 외웠다.

Estudié Física. 나는 물리학을 공부했어.

Gustar

Me gusta viajar. 나는 여행하는 거 좋아해.

No me ha gustado nada esta película. 나는 이 영화 전혀 마음에 안들어

¿Te gusta ir al cine? 너 영화관 가는 거 좋아해?

Haber

Hubo un accidente. 사고가 있었다.

Hemos de trabajar duro. 우리는 열심히 일해야 한다.

Hay tres habitaciones en esta casa. 이 집에는 방이 3개다.

Hablar

El conferenciante habló de la crisis económica. 연사는 경제위기에 대해서 말했다.

Quien mucho habla mucho yerra. 말 많은 사람이 실수도 많다.

¿Puedes hablar alemán? 너 독일어 할 수 있어?

Hacer

Mi madre hace las camas todos los días. 나의 어머니는 매일 침대를 정리하신다.

¿Haces el favor de pasame el periódico? 신문 좀 건네주겠니?

Hicieron un banquete para la boda. 그들은 결혼식 연회를 열었다.

Imaginar

Imagínate que estás en la playa. 지금 해변에 있다고 상상해봐.

Me imaginaba un mundo mejor. 지금보다 좋은 세상을 상상하곤 했었지.

Imagine un campo con flores. 꽃이 핀 들판을 상상해보세요.

Importar

¿Te importa si fumo? 담배 피워도 괜찮을까요?

Lo que importa es la motivación. 중요한 것은 동기부여이다.

No me importa si te vas o no. 네가 가든 말든 난 상관없어.

Interesar

La pintura me interesa mucho. 나는 그림에 관심이 많다.

Se ha interesado por la salud de mi padre. 나의 아버지 건강에 관심을 보이셨다.

¿Te interesa esta conferencia internacional? 너 이 국제회의에 관심있어?

Invitar

Juan me invitó a cenar en su casa. 후안이 자기집으로 날 저녁 초대하였다.

Nos invitó Carlos porque era su cumpleaños. 카를로스가 생일이어서 우리를 초대했다.

Nos han invitado a la inauguración de la oficina. 그들은 사무실 개소식에 우리를 초대했다.

Ir

Mañana voy a ir de compras. 난 내일 쇼핑갈거야.

Fuimos en avión. 우리들은 비행기로 갔다.

Ve con cuidado. 조심히 가.

Jugar

¡Deja de jugar y estudia! 그만 놀고 공부해!

No he jugado nunca a las quinielas. 나는 경기복권을 사본 적이 없다

Messi no ha jugado hoy. 메시는 오늘 경기를 하지 않았다.

Leer

Siempre leo un rato antes de dormir. 나는 자기전에 잠시 독서를 한다.

¿Has leído Don Quijote? 돈키호테 작품을 읽어봤니?

Sé leer las líneas de la mano. 나는 손금을 읽을 줄 안다.

Levantarse

¿A qué hora te levantaste ayer? 너 어제 몇시에 일어났어?

El niño se levantó de la silla. 아이는 의자에서 일어났다.

No puedo levantarme tan temprano. 난 그리 이른 시간에 기상하지 못한다.

Llamar

Han llamado varias veces preguntando por ti. 그들은 너를 찾으면서 여러번 전화했다.

Te llamo luego. 나중에 너한테 전화할게.

Llaman a la puerta. 누가 문을 두드린다.

Llegar

¿A qué hora llegamos al aeropuerto? 우리가 몇 시에 공항에 도착할까요?

Los gastos no llegan a 4 mil euros. 지출이 4천 유로가 되지 않네요.

El agua le llegaba hasta la cintura. 물이 그의 허리까지 닿았다.

Llevar(cf. Traer)

Llevó el paquete al correo. 그는 소포를 우체국으로 가져갔다.

Lleva estos platos a la cocina. 이 접시들을 부엌으로 가져가라.

Mañana te llevo el libro. 내일 네게 책을 가져다줄게.

Llover

Llueve sobre mojado. 설상가상이다.

Estaba lloviendo y nos mojamos. 비가 오고 있어서 우리는 젖어버렸다.

Ha llovido toda la noche. 밤새 비가 왔다.

Mejorar

¿Cuándo van a mejorar tus notas en matemáticas? 너 언제 수학성적 올릴거니?

Desde que hago deporte ha mejorado mi estado de salud. 운동을 한 이후로 내 건강상태가 좋아졌다.

Mi tía ha mejorado mucho. 우리 이모는 건강을 많이 회복하셨다.

Mirar

Me miré en el espejo. 나는 거울속의 나를 쳐다보았다.

Debes mirar bien la decisión que tomas. 너는 결정에 신중해야 한다.

Él miraba pasar a la gente. 그는 사람들이 지나다니는 것을 바라봤다.

Molestar

La luz era tan fuerte, que molestaba a la vista. 빛이 너무 강해서 시야를 가렸다.

Perdóname si te han molestado mis palabras. 내 말 때문에 불쾌했다면 용서해줘.

Me está molestando este zapato. 이 신발이 불편해.

Morir

Estoy muriendo de hambre. 나는 배고파죽겠다.

Hace poco que murió su abuelo. 불과 얼마전에 그의 할아버지가 돌아가셨다.

Cada vez que me acuerdo, me muero de risa. 나는 기억날때마다 웃겨 죽겠다.

Mostrar

Le mostró el reloj nuevo. 그는 새로운 시계를 보여주었다.

Yo te voy a mostrar que lo que digo es verdad. 내가 말하는 게 진실이라는 것을 보여줄게.

Mostraron su decepción por la derrota. 그들은 패배로 인한 실망감을 내비쳤다.

Necesitar

El viajero necesita una nueva maleta. 그 여행자는 새로운 가방이 필요하다.

Se necesita mucha suerte para encontrar un trabajo como éste. 이런 직장을 찾으려면 상당한 행운이 필요하다.

Necesito tu ayuda. 나는 네 도움이 필요하다.

Nevar

En esta ciudad no nieva mucho. 이 도시에는 눈이 많이 오지 않는다.

Ha nevado tanto que hemos tenido que poner cadenas a los coches. 눈이 너무 와서 차에 체인을 달아야했다.

Esta tarde va a nevar. 오늘 오후에 눈이 올거야.

Notar

Noto un poco de calor. 약간 더운게 느껴진다.

Notaron un sabor extraño en la comida. 그들은 음식에서 이상한 맛을 느꼈다.

El profesor Sánchez es capaz de notar el estado de ánimo de los alumnos. 산체스 교수는 학생들의 기분 상태를 눈치 채신다.

Ocurrir

El suceso ocurió en mi casa. 그 사건이 나의 집에서 발생했다.

Se le ocurrió la idea mientras estaba en el campo. 시골에 있는 동안 그 생각이 떠올랐다.

Ha ocurrido un milágro. 기적이 일어났다.

Oir

Le oía a Carmen cantar. 카르멘이 노래하는 것을 들었다.

Las paredes oyen. 낮말은 새가 듣고 밤 말은 쥐가 듣는다.

No te oigo. 네 말 안 들려.

Opinar

Ella aún no ha opinado sobre el asunto. 그녀는 아직 그 문제에 대해서 언급하지 않았다.

Es necesario conocer los hechos antes de opinar. 의견을 내기 전에 그 사건을 알 필요가 있다.

Prefiero no opinar sobre la cuestión. 나는 그 사안에 대해 의견을 안 내고 싶다.

Pagar

Los invitó a comer en un restaurante y pagó la cuenta. 그들을 식당에 초대해서 계산을 하였다.

Los niños menores de cinco años no pagan en el autobús. 5살 미만의 어린이는 버스요금을 내지 않는다.

Me las vas a pagar. 넌 내게 댓가를 지불하게 될거야.

Parecer

Juan parece tonto pero no lo es. 후안은 바보 같아 보이지만 실제로는 아니다.

Parece que va a llover. 비가 올 것 같다.

Mauricio se parece a su padre. 마우리시오는 아버지를 닮았다.

Pasar

Pasaron el río gracias al barco. 그들은 배 덕분에 강을 넘었다.

¿Le has pasado el recado a Luis? 루이스에게 메시지 전달했니?

Pasamos el verano en la playa. 우리는 해변에서 여름을 보냈다.

Pedir

De postre siempre pido un helado. 나는 항상 디저트로 아이스크림을 시킨다.

Pido a Dios todos los días por la paz del mundo. 나는 매일 세상의 평화를 위해 기도드린다.

Esteban pidió la mano a los padres de su novia. 에스테반은 여자친구의 부모님께 결혼 승낙을 요구했다.

Pensar

Pienso luego existo. 생각한다 고로 존재한다.

Estamos pensando hacer un viaje largo. 우리는 긴 여행을 할 생각이다.

Lo hicieron sin pensar. 그들은 생각없이 그것을 했다.

Poder

No se pude fumar. 담배를 피울 수 없다.

¿Se puede entrar? 들어가도 되나요?

Pudimos arreglar el asunto porque nos ayudaste. 네가 도와줘서 우리가 문제를 해결했어.

Poner

Esta noche no ponen nada interesante en la tele. 오늘밤에는 TV에 재미있는 프로그램이 없다.

Pon un poco de mantequilla en la tostada. 버터를 조금 토스트에 발라봐.

Voy a poner la lavadora. 세탁기 돌릴거야.

Preferir

Prefiero quedarme en casa. 나는 집에 있는 게 더 좋아.

Prefiero el vino a la cerveza. 나는 맥주보다 와인을 선호한다.

De todos los tipos de café, prefiero el cortado. 모든 커피 중에 난 코르타도를 선호한다.

Preguntar

Carmen se pasó el día preguntando por ti. 카르멘이 하루종일 너에 대해 물어보면서 보냈다.

Le pregunté dónde estaba la estación. 역이 어디에 있는지 나는 그에게 물어봤다.

Ella se preguntaba si todo estaba bien. 그녀는 아무 일 없는지를 자문했다.

Preparar

Mis amigos están preparando el viaje. 내 친구들은 여행준비를 하고 있다.

Prepárate para el trabajo. 그 일 준비하고 있어.

Se prepara para ser dentista. 그는 치과의사가 되기 위해 공부하고 있다.

Quedar

Quedan dos semanas para las vacaciones. 방학까지는 2주 남았다.

Hemos quedado el domingo en la cafetería. 우리는 일요일 카페에서 만나기로 했다.

Me quedan 100 euros. 내게는 100유로가 남아있다.

Querer

Quiero tomar café. 나는 커피를 마시고 싶다.

Lo hice sin querer. 나는 그것을 마지못해 했다./나는 그것을 원하지 않지만 했다.

Yo quiero mucho a mis padres. 난 우리 부모님을 매우 사랑한다.

Saber

No sé qué tengo que decirte. 네게 무슨 말을 해야할 지 모르겠다.

Sabe mucho de la historia. 그는 역사에 대해 많이 안다.

Esto no sabe a nada. 이건 아무 맛이 안 난다.

Salir

¿Cuándo sale el tren? 기차가 언제 출발합니까?

Mi hermano sale con esta chica últimamente. 우리 형은 최근에 이 여자애랑 만나.

Ya ha salido el sol. 해가 이미 떴다.

Sentir

Siento mucho la muerte de su padre. 나는 당신의 아버지의 죽음에 대해 매우 유감스럽습니다.

Sintió un dolor en el estómago. 그는 배에 통증을 느꼈다.

Sentí que abrían la puerta. 나는 문을 여는 것을 느꼈다.

Ser

Este coche es de Pedro. 이 차는 페드로 것이다.

¿Cuándo es tu cumpleaños? 너의 생일은 언제니?

Esta mesa es de madera. 이 테이블은 목재로 만들어졌다.

Tener

Lo que has dicho tiene que ver con tu pensamiento. 네가 말한 것은 너의 생각과 관련이 있다.

No tengo ni idea. 나는 전혀 모르겠어.

Si quieres consejo, me tienes a mí. 네가 충고를 원한다면 내가 있다.

Tomar

Tome asiento, por favor. 앉아주세요.

Me ha tomado por un ladrón. 나를 도둑으로 간주하였다.

Salimos a tomar el desayuno. 우리는 아침식사를 하러 외출했다.

Trabajar

Se pasó todo el fin de semana trabajando en su jardín. 주말내내 그의 정원에서 일하면서 보냈다.

Ella trabaja como secretaria en una oficina. 그녀는 사무실에서 비서로 근무한다.

Quiero trabajar el abdomen. 나는 복부 운동을 하고 싶다.

Traer(cf. Llevar)

Me trae otra botella de vino, por favor. 와인 한 병 더 가져다 주세요.

Ella nos trajo a casa en coche. 그녀는 우리를 차로 집에 데려다 주었다.

Esto nos trae un buen recuerdo. 이것은 우리에게 좋은 기억을 상기시킨다.

Vender

Juan se dedica a vender electrodomésticos. 후안은 전자제품 판매에 종사한다.

Aquí se venden los coches de segunda mano. 이곳에서는 중고차를 판매한다.

Si el árbitro está vendido, hay que meter más goles. 심판이 매수되었다면, 더 많은 골을 넣어야한다.

Venir

Me han dicho que ya viene Juan. 그들은 나에게 후안이 지금 온다고 말했다.

¡Venga, date prisa, que llegamos tarde! 야 서둘러. 우리 늦겠어.

Esta frase viene en la última página. 이 구절은 마지막 페이지에 나온다.

Ver

Ver es creer. 백문이 불여일견

No veo claro por qué no quiere venir. 나는 그가 왜 오길 원치 않는지 잘 모르겠다.

El médico ha visto a cinco pacientes en una hora. 의사는 한 시간 동안 환자 다섯 명을 진료했다.

Vivir

Aquí se vive bien. 여긴 다들 잘 산다.

Con este sueldo no puedo vivir. 이 월급 가지고는 난 못 살아.

Hemos vivido momentos de alegría. 우리는 즐거운 순간을 보냈다.

Volver

El pan se ha vuelto duro. 빵이 딱딱해졌다.

Con los años él se ha vuelto más antipático. 세월이 지나면서 그는 더 불친절하게 되었다.

Volvimos a repasar lo que estudiamos. 우리는 공부한 것을 다시 복습했다.

부록 II

스페인과 중남미 어휘 차이 목록

스페인어의 특징은 스페인과 중남미에서 사용하는 어휘가 차이가 있다는 점이다. 또한 중남미 모든 나라에서 같은 어휘를 쓰는 것도 아니다. 스페인과 중남미에서 다르게 사용하는 주요 어휘를 소개한다. 예시는 elblogdeidiomas.es를 참조하였다.

스페인과 중남미 어휘 차이 목록

	ESPAÑA	LATINOAMÉRICA
1	TELÉFONO MÓVIL/ MÓVIL	CELULAR
2	ORDENADOR	COMPUTADOR/A
3	PISO O APARTAMENTO	DEPARTAMENTO O APARTAMENTO
4	AUTOBÚS / BUS / GUAGUA(CANARIAS)	BUS / CAMIÓN / GUAGUA / COLECTIVO
5	LAVABO	PILETA / LAVAMANOS / LAVATORIO
6	PISCINA	ALBERCA / PILETA
7	COCHE	CARRO / AUTO
8	CONDUCIR	MANEJAR
9	BILLETE	BOLETO
10	GAFAS	ANTEOJOS / LENTES
11	BONITO	LINDO
12	HACERSE DAÑO	LASTIMARSE
13	COGER	AGARRAR / TOMAR
14	ZUMO	JUGO
15	DARSE PRISA	APURARSE
16	TIRAR / ECHAR	BOTAR
17	TARTA	TORTA / PASTEL
18	CAMARERO	MOZO / MESERO
19	FONTANERO	PLOMERO
20	MALETERO	BAÚL / MALETERA / CAJUELA
21	NEUMÁTICO	GOMA / LLANTA / CAUCHO / CUBIERTA
22	CALCETINES	MEDIAS
23	AMERICANA (ROPA)	SACO
24	SUJETADOR	CORPIÑO / BRASIER / AJUSTADOR / SOSTÉN
25	BRAGAS	BOMBACHA / CALZÓN / PANTALETA

26	CREMALLERA	CIERRE / ZIPPER
27	MANTA	FRAZADA / COBIJA
28	GRIFO	LLAVE / CANILLA
29	BAÑERA	TINA
30	BOCADILLO	SÁNDWICH / TORTA
31	FRIGORÍFICO / NEVERA	HELADERA / REFRIGERADOR / REFRIGERADORA
32	DINERO	PLATA
33	CERILLA	FÓSFORO
34	ROTULADOR	MARCADOR / PLUMÓN
35	SELLO	ESPAMPILLA
36	HUCHA	ALCANCÍA
37	PONERSE DE PIE	PARARSE
38	PERCHA	GANCHO
39	DEVOLVER	REGRESAR
40	CHAQUETA	CHAMARRA
41	PATATA	PAPA
42	CHAMPIÑÓN	HONGOS
43	CALABAZA	ZAPALLO
44	MAÍZ	ELOTE / CHOCLO
45	FRESA	FRUTILLA
46	MANTEQUILLA	MANTECA
47	CARTERA	BILLETERA
48	SUELO	PISO
49	ENFADARSE	ENOJARSE
50	ECHAR DE MENOS	EXTRAÑAR
51	GUAPO	HERMOSO
52	QUITARSE (ALGO)	SACARSE
53	APARCAR	ESTACIONAR

54	ATAR	AMARRAR
55	MELOCOTÓN	DURAZNO
56	AQUÍ	ACÁ
57	MASCARILLA	CUBREBOCAS
58	CAFÉ	TINTO
59	DIGA	BUENO / ALÓ
60	ESTANCIA	ESTADÍA
61	FRIOLERO	FRIOLENTO
62	CONFERENCIANTE	CONFERENCISTA
63	FINANCIERO	FINANCISTA
64	PLANTEAMIENTO (DE UN PROBLEMA)	PLANTEO
65	FLORISTERÍA	FLORERÍA
66	TIRANTES (SUJETAR PANTALÓN)	TIRANTAS
67	CAMISETA	PLAYERA
68	LLAMAMIENTO	LLAMADO
69	FALLO (DEFECTO)	FALLA
70	DISCOTECA	ANTRO / BOLICHE / DISCOTEQUE
71	RECLAMACIÓN	RECLAMO
72	METEDURA DE PATA	METIDA DE PATA
73	TARDAR	DEMORARSE
74	RESERVA	RESERVACIÓN
75	PATROCINAR	AUSPICIAR
76	PORTADA	CARÁTULA
77	TIENDA DE CAMPAÑA	CARPA
78	CONTABLE	CONTADOR
79	VUELTA (DINERO)	VUELTO
80	VACACIONES	RECESO
81	CARTEL (DE ANUNCIO)	AFICHE
82	TALONARIO	CHEQUERA

83	CERILLAS	FÓSFOROS
84	EXTINTOR	EXTINGUIDOR
85	RAÍLES (TREN)	RIELES
86	ALBORNOZ	BATA DE BAÑO
87	VALE	SALE / ORALE / DALE / DE ACUERDO / OK.
88	BOLÍGRAFO	PLUMA
89	HABLAR	PLATICAR
90	BOMBILLA	BOMBILLO
91	PLATILLO VOLANTE	PLATILLO VOLADOR
92	GRIPE	GRIPA
93	PEQUEÑO	CHICO
94	ESTRECHO	ANGOSTO
95	MERCANCÍAS	MERCADERÍAS
96	SUBASTADOR	MARTILLERO
97	VACANTE	VACANCIA
98	DUCHARSE	BAÑARSE
99	ATRAGANTARSE	ATORARSE
100	EQUILIBRAR	BALANCEAR
101	OPORTUNIDAD	CHANCE

임효상

한국외국어대학교 스페인어과 학사
한국외국어대학교 통번역대학원 석사
마드리드 국립대학교 언어학 박사
외교부 정책자문위원(전)
현) 경희대학교 스페인어과 교수
미국 스페인어 한림원 자문위원
BBB 스페인어 위원장

저서 대조분석론(공저), 즐기면서 배우는 스페인어(공저),
스페인어 문형대역사전(공저)

임보영

경희대학교 스페인어과 학사
한국외국어대학교 통번역대학원 석사
한국외국어대학교 통번역대학원 박사과정
선문대학교, 한국외국어대학교 강사(전)
현) 경희대학교 스페인어과 강사
국제회의 통역사

저서 스페인 네이티브가 가장 많이 쓰는 스페인어 표현 BEST (공편),
영화 드라마 속 살아있는 스페인어 표현 15000 (편저)

美치게 공부하는 스페인어

초판 1쇄 발행 _ 2021년 2월 28일

공 저 · 임 효 상 · 임 보 영
발행인 · 정 현 걸
발 행 · 신 아 사
인 쇄 · 토탈프로세스 / 한승
주 소 · 서울특별시 은평구 통일로 59길 4 (2층)
전 화 · (02) 382-6411 팩스 · (02) 382-6401
홈페이지 · www.shinasa.co.kr
E-mail · shinasa@daum.net
출판등록 · 1956년 1월 5일 (제 9-52호)

ISBN . 979-11-91158-13-7 (93770)

정가 18,000원